市場化視角下的
深化國有企業改革研究

吳建強、楊鋼 ● 著

前　言

　　國有企業作為中國國民經濟的微觀主體之一，在推動中國經濟保持中高速增長和邁向中高端水平、全面建成小康社會、實現中華民族偉大復興「中國夢」的進程中，肩負著重大的歷史責任和使命。進一步推動國有企業改革，激發國有企業活力，對當前處於複雜形勢中的中國顯得尤為重要。

　　2015 年 9 月 13 日，中共中央、國務院印發了《關於深化國有企業改革的指導意見》。這是新時期指導國有企業改革的綱領性文件，開啓了國有企業發展的新篇章。作為國有企業改革的頂層設計方案，指導意見明確了國有企業改革的方向是市場化。

　　中國的國有企業規模大，數量多，歷史遺留問題繁雜，既得利益集團眾多，國有企業改革任重道遠。但只要沿著市場化的道路前進，解放思想，勇於探索，破除體制機制障礙，中國的國有企業就一定能夠開創新的局面，取得新的輝煌。

吳建強

2017 年 6 月

目　錄

第一章　資源配置方式研究

　　一、資源配置的三種方式 // 2
　　二、中國經濟發展道路的選擇 // 4
　　三、市場經濟給中國帶來諸多紅利 // 8
　　四、市場在資源配置中起決定性作用的最終確立 // 11

第二章　中國國有企業的市場化改革研究

　　一、中國國有企業改革的歷程 // 18
　　二、中國國有企業發展現狀 // 21
　　三、中國國有企業發展存在的問題 // 23
　　四、新常態下國有企業改革面臨的挑戰 // 27
　　五、深化中國國有企業改革的舉措 // 29

第三章　國有企業改革的國際經驗借鑑

　　一、國外國有企業的基本情況 // 36
　　二、各國國有企業改革的主要做法和經驗 // 42

第四章　完善國有資產管理體制研究

一、中國國有資產管理體制的市場化 // 50

二、國有資本運作的市場化 // 56

第五章　國有資本佈局的市場化改革研究

一、國有資本佈局改革的歷程 // 62

二、國有資本佈局現狀 // 63

三、國有資本佈局存在的問題 // 66

四、推進國有資本合理佈局的市場化舉措 // 68

第六章　混合所有制經濟發展研究

一、發展混合所有制經濟的意義 // 74

二、混合所有制經濟發展歷程 // 76

三、混合所有制經濟發展現狀 // 78

四、發展混合所有制應關注的問題 // 80

五、混合所有制改革的國有企業類別 // 83

六、實現混合所有制經濟的路徑 // 84

七、加快混合所有制經濟發展的舉措 // 90

八、混合所有制企業的監管研究 // 94

第七章　混合所有制企業員工持股研究

一、員工持股計劃理論概述 // 98

二、中國國有企業員工持股的改革歷程 // 99

目　錄

　　三、員工持股的意義 // 102

　　四、新一輪員工持股改革的特徵 // 104

　　五、員工持股需要關注的問題 // 108

　　六、推進員工持股改革的舉措 // 110

　　七、典型案例分析：綠地集團員工持股研究 // 112

第八章　完善現代企業制度研究

　　一、有關建立和完善現代企業制度的回顧 // 116

　　二、完善現代企業制度的重要意義 // 117

　　三、新時期完善現代企業制度的要求 // 118

　　四、國有企業獨立市場主體研究 // 119

　　五、國有企業推行職業經理人制度研究 // 122

　　六、國有企業高管薪酬改革研究 // 135

參考文獻 // 141

第一章
資源配置方式研究

人類社會經歷了自然經濟、計劃經濟和市場經濟三種經濟形態。自然經濟以相對分散的個體為主，在相對封閉的環境中分配資源。計劃經濟體制是在一國範圍內，通過計劃方式分配資源。市場經濟通過市場來配置資源，以實現資源配置最優化。

歷史實踐證明，經濟轉型的成功與否在很大程度上與資源配置的效率有關。市場配置資源是最為有效的形式，市場決定資源配置是市場經濟的普遍規律，市場經濟本質上是市場決定資源配置的經濟。中國深化經濟體制改革要取得成功，就要圍繞使市場在資源配置中起決定性作用來進行。

一、資源配置的三種方式

按照資源配置方式內容的不同，可將資源配置劃分為三種類型：自然經濟、市場經濟和計劃經濟。其中，自然經濟以小生產者為主，而計劃經濟和市場經濟則是社會化大生產的產物。

（一）自然經濟

自然經濟是指在生產力低下和社會分工不發達的條件下，物質資料再生產在一個經濟單位內實現的自給自足的經濟。自然經濟不依賴市場，其生產的目的在於使用價值而非交換價值本身，所反應的勞動者的社會關係是直接的個人間的關係。自然經濟表現為以人力或人力加手工工具為基礎的個體勞動，勞動和生產的目的是為了滿足生存的需要。

在自然經濟階段，社會分工不發達，物質資料的生產局限在狹窄的範圍或地域內，生產關係橫向聯繫不多，商品貨幣關係位於從屬地位，人與人的關係較為直接。自然經濟主體是相對分散的個體，並在相對封閉的環境中分配有限的資源。

（二）計劃經濟

計劃經濟是指國家對生產、資源分配及產品消費等事先進行計劃的經濟體制。計劃經濟由行政指令性計劃來決定資源的分配和組合，主要表現在三個方面：

一是政府與企業間的關係表現為一種單向的命令—服從關係，資源配置的重大決策全部由政府做出；二是政府規定各企業和產業部門的指令性

生產指標，把相應的資源分配到各企業和產業部門；三是統一規定投入要素和產品的價格，包括勞動工資、資金利率和產品價格等；四是沒有考慮市場和價值規律的調節作用，計劃成了微觀經濟組織主要的導向信號，企業圍繞計劃被動經營和生產。

計劃經濟的實施主體是政府，政府不僅是宏觀經濟的管理者，而且還是微觀資源配置的直接指導者，並成為實際上的利益掌控者。不僅勞動力、資本、土地等各種資源由政府直接安排，而且連企業自身也成為政府配置的對象。在這種體制下，個人與企業失去了自主決策權，其自身利益的實現依賴於政府的決定。

計劃經濟在特定的歷史時期有其存在的合理性，可集中社會經濟資源辦大事，能從社會整體利益出發來協調經濟發展，可有力保證投資的指定方向。但總體而言，這種傳統體制違背了經濟發展規律，導致社會主義國家在戰後幾十年經濟發展緩慢、生產效率低下，給社會主義國家帶來了不良的後果。一些社會主義國家開始對計劃經濟進行反思，對計劃與市場問題進行了有益的探索。

（三）市場經濟

市場經濟是指產品和服務的生產及銷售完全由市場的價格機制所引導的經濟體制。市場經濟注重供求關係和價值規律，企業或個人按照市場競爭原則自主調節資源的配置，政府不進行指導和管理。在市場經濟條件下，價格信號反應了市場的供求關係，資源配置通過市場價格信號的變動實現。市場經濟使市場主體根據市場需求進行資源的配置，將可用於社會擴大再生產的資源要素分配到經濟效益好的環節中去，保證社會總供求達到均衡狀態。

市場經濟有三個特徵：

1. 市場經濟是自由經濟

生產者和消費者參與市場交換完全是基於自身的利益需要，在追求自身利益最大化的同時也增進了公共福利，並促進了經濟的發展。

2. 市場經濟明確了所有權關係

市場經濟明確了所有權，所有者能根據需要自由處置自己的物品，使得生產者之間、生產者和消費者之間的生產和交換能夠順利進行。

3. 市場經濟充分發揮了價格的調節作用

市場配置資源的內在動力是經濟利益，為了得到好的經濟效益，企業

會主動地把資源投放到價格高的產品生產上。

二、中國經濟發展道路的選擇

新中國成立後,中國的社會主義經濟發展經歷了艱難的探索,最終選擇了由計劃經濟向市場經濟轉型。實踐證明,計劃經濟在中國行不通,市場經濟是符合中國國情的正確發展道路。

(一) 計劃經濟資源配置效率低下

(1) 計劃經濟採取以生產能力為出發點的行政化指令方式,忽視了市場需求。在計劃指令下,由於缺乏市場價格和競爭的作用,資源配置效率不高。

(2) 計劃經濟依靠政府行政指令的強制約束力推動,資源配置結果與個人和企業所追求的經濟利益無關,經濟主體工作缺乏積極性,資源不能發揮最大的使用效率。

(3) 計劃經濟通過計劃的方式分配資源,由於計劃者所掌握的專業知識和所瞭解的信息有限,其決策往往不能真實反應市場的情況,具有一定的偏差。

(4) 計劃經濟以行政指令為主,官本位思想嚴重,不僅容易滋生腐敗,而且容易產生條塊分割的地方保護主義,影響到全國統一市場的形成。

(5) 計劃經濟干預價格,使價格反應的信息失真,容易造成資源的錯誤配置。計劃經濟所導致的價格扭曲,阻礙了市場的發育,減緩了經濟的增長。

(二) 市場經濟能使資源配置最優化

1. 市場經濟能充分發揮價格機制的作用

市場經濟通過價格引導人們進行生產和消費,從而實現準確的生產數量和種類。通過市場價格,人們可以瞭解資源的稀缺程度,並使資源分配效用達到最大。價格信號實際上反應了資源的邊際收益,它引導資源所有者的偏好。由於資源邊際收益由資源邊際生產率決定,因此資源會流向生產率較高的企業和產業。

2. 市場經濟有利於反腐倡廉

與計劃經濟相比，市場配置資源通常更加公開透明，便於接受公眾的監督，個人主義及地方保護主義等在陽光下難以生存。

3. 市場經濟倡導公平競爭

市場競爭實行優勝劣汰，如果產品不符合消費者的要求，就會被淘汰。在激烈競爭中，商品與服務的品質得到提升。

4. 市場經濟有助於企業創新

通過市場配置資源，企業和產業必須不斷創新，才能吸引各類資源。資源在選擇流向的時候，會遵守比較優勢規律，從而達到自身效用的最大化，使整個社會充滿創新的活力。

5. 市場經濟有利於解決產能過剩問題

在高度市場化的經濟體下，由於市場具有自我調節的作用，一般不會出現產能過剩的問題。在中國，「去產能」之所以會成為積重難返的問題，一個重要的原因在於市場化程度不高，在長期奉行的投資拉動模式下，很多項目在產能過剩的情況下仍在投資，導致企業效益低下，投資收益差，甚至嚴重虧損。

(三) 中國社會主義市場經濟的發展歷程

新中國成立初期，為了緩解中央財政困難，國家實行了高度集中的計劃經濟。這在當時的情形下，是有利於國民經濟的恢復和發展的。但是隨著生產力的不斷發展，計劃經濟的弊端開始顯露。經濟發展中政企不分、忽視價值規律、分配實行平均主義等現象，嚴重地阻礙了生產的發展，影響了人們從事生產的積極性，使得生機盎然的社會主義經濟在很大程度上失去了活力。

1978 年，中國開始實施改革開放。30 多年來，中國加快由計劃經濟向市場經濟的轉型，推動了經濟社會的發展。中國的市場化改革經歷了四個階段。

1. 計劃經濟為主，市場調節為輔

1981 年 6 月，中共十一屆六中全會通過了《關於建國以來黨的若干歷史問題的決議》，提出要在公有制基礎上實行計劃經濟，發揮市場調節的輔助作用。

1982 年 9 月 1 日至 11 日，中國共產黨第十二次全國代表大會在北京召開。報告指出：「正確貫徹計劃經濟為主，市場調節為輔的原則，是經

濟體制改革中的一個根本性問題」，允許對部分產品的生產和流通通過市場來調節。該原則的提出，標誌著中國開始注重市場的調節作用，這對於以單一的指令計劃為特徵的傳統經濟體制而言，無疑是一次突破。

2. 有計劃的商品經濟

1984年10月，黨的十二屆三中全會通過了《中共中央關於經濟體制改革的決定》，進一步提出了「社會主義經濟是公有制基礎上的有計劃的商品經濟」。指出改革計劃體制，要突破把計劃經濟同商品經濟對立起來的傳統觀念，明確社會主義計劃經濟必須自覺依據和運用價值規律。

3. 社會主義市場經濟體制的初步形成

1992年，鄧小平在「南方談話」中指出：「計劃經濟不等於社會主義，資本主義也有計劃；市場經濟不等於資本主義，社會主義也有市場。計劃和市場都是經濟手段。計劃多一點還是市場多一點，不是社會主義與資本主義的本質區別。」這個精闢的論斷使我們在對計劃和市場的認識上有了重大突破，解除了把計劃和市場看作是屬於社會基本經濟制度範疇的束縛。

1992年10月，中共十四大指出，中國經濟體制改革目標是建立社會主義市場經濟體制，使市場在社會主義國家宏觀調控下對資源配置起基礎性作用，使經濟活動按照價值規律的要求，適應市場供求關係的變化；通過價格槓桿和競爭機制的作用，把資源配置到效益好的環節中去，實行優勝劣汰；運用市場對各種經濟信號反應靈敏的優點，促進供求平衡。同時，大力發展全國統一市場，並運用經濟政策、經濟法規、計劃指導和必要的行政管理，促進市場健康發展。大會報告指出，建立社會主義市場經濟體制要認真抓好四個重要環節：

(1) 轉換國有企業經營機制

轉換國有企業特別是大中型企業的經營機制，把它們推向市場，增強企業的活力，提高企業的素質，是建立社會主義市場經濟體制的中心環節，是鞏固社會主義制度和發揮社會主義優越性的關鍵。通過理順產權關係、實行政企分開和落實企業自主權等，使企業成為自主經營、自負盈虧、自我發展、自我約束的法人實體及市場競爭主體，承擔起國有資產保值增值的責任。應當進一步完善經營承包制，積極試點股份制，促進政企分開，轉換企業經營機制和積聚社會資金。不斷總結經驗，制定和完善有關法規，使股份制改革有序健康地發展。鼓勵有條件的企業進行聯合、兼併，組建企業集團。部分國有小型企業可以出租或出售給集體或個人

經營。

（2）加快市場體系的培育

大力發展商品市場特別是生產資料市場，積極培育包括股票和債券等有價證券在內的資本市場，發展技術、勞務、信息和房地產等，盡快形成全國統一的市場體系。加強市場法規制度建設，打破條條塊塊的分割、封鎖和壟斷，促進公平競爭。根據各方面的承受能力，加快價格改革步伐，理順價格關係，建立起以市場形成為主的價格機制。

（3）深化分配制度和社會保障制度改革

統籌兼顧國家、集體和個人的利益，進一步理順國家與企業、中央與地方的分配關係，逐步實施利稅分流及分稅制。加快工資制度的改革，建立起符合企業、事業單位和機關自身特點的工資制度及正常的工資增長機制。完善待業、養老和醫療等社會保障制度，積極推進城鎮住房制度改革。

（4）加快政府職能的轉變

轉變的途徑是政企分開。對國家法令規定屬於企業行使的職權，政府都不要進行干預。對國家下放給企業的權利，中央政府各部門及地方政府都不要截留。政府的職能主要是統籌規劃、制定政策、信息引導、組織協調和監督檢查。要進一步完善計劃、投資、財政、金融和一些部門的管理體制，強化審計和經濟監督，健全宏觀管理體制與方法。合理劃分中央與地方的經濟管理權限，調動中央和地方的積極性。

1993年3月，八屆全國人大一次會議審議通過了《中華人民共和國憲法修正案》，明確指出國家實行社會主義市場經濟。至此，社會主義市場經濟理論初步形成。

4. 社會主義市場經濟體制的進一步完善

2012年11月8日，中國共產黨第十八次全國代表大會在北京召開。大會指出，政府和市場的關係是經濟體制改革的核心問題，要充分發揮市場調節的作用，保持經濟發展的活力，履行好政府職能，維護宏觀經濟穩定。大會還提出，要在更大程度、更廣範圍發揮市場在資源配置中的基礎性作用。

2013年11月9日至12日，黨的十八屆三中全會在北京舉行，全會通過了《關於全面深化改革若干重大問題的決定》。全會指出：「緊緊圍繞使市場在資源配置中起決定性作用深化經濟體制改革，堅持和完善基本經濟制度，加快完善現代市場體系、宏觀調控體系、開放型經濟體系，加快轉

變經濟發展方式,加快建設創新型國家,推動經濟更有效率、更加公平、更可持續發展。」

與以往相比,此次全會把市場在配置資源中的作用從基礎性提升到了決定性,反應了對市場機制認識規律的深化。「決定性作用」表明,市場在社會生產領域的資源配置中處於主體地位,對於生產、流通和消費等環節的商品價格擁有直接決定權。市場決定資源配置機制,包括價格機制、供求機制、競爭機制、激勵機制和約束機制等。其作用在於,以利潤引導生產要素流向,以競爭決定商品價格,以價格調節供求關係,使社會總供給和總需求達到平衡,生產要素的投向、產品消費、利潤實現和利益分配依靠市場交換來完成。實行市場經濟體制,就要尊重市場在資源配置中的主體地位和決定性作用,其他任何力量都不可替代。

在改革開放的偉大實踐中,中國深刻地認識到,市場決定資源配置是市場經濟的普遍規律,健全和完善社會主義市場經濟體制必須遵循這條規律。歷史證明,凡是市場作用發揮得比較好的地方,經濟活力就較強,原因在於市場有強勁的利益驅動、快速的信息傳遞、高效的資源配置等功能。市場配置資源,能使經濟效率更高,生產力發展更好。

三、市場經濟給中國帶來諸多紅利

1978年12月,中共十一屆三中全會做出了改革開放的偉大抉擇。30多年來,市場化改革極大地解放了生產力,使中國成功地由計劃經濟轉向中國特色社會主義市場經濟,經濟的發展收到了巨大的成效。

(一) 消除了很多思想障礙

黨的十一屆三中全會解放了人們的思想,把人的積極性從傳統的體制束縛中解放出來,極大地促進了生產力的發展。1992年鄧小平「南方談話」之後,很多思想禁區進一步被突破。在農村實行家庭聯產承包責任制後,糧食產量從改革初期的2 500億千克增長到1984年的4 000億千克。到20世紀80年代中期後,城鄉居民收入差距已經縮小到1:1.8。改革引入到城市後,調動了許多人參與經濟建設的積極性,從企業的責任制、承包制改革到後來引入股份制、公司制的現代企業制度改革,以及發展個體私營經濟,都堅持了市場化的改革路徑,打破了傳統觀念的束縛,形成了人人都關心市場改革的良好局面。

(二) 各種所有制企業取得了長足的發展

改革開放後，中國初步建立起了以公有制為主體、多種所有制經濟成分共同發展的基本經濟制度，非公有制經濟從無到有不斷壯大，國有企業、民營企業和外資企業都得到了較快的發展。特別是中小企業，成為中國數量最大、最具創新活力的企業群體，在促進經濟增長、推動創新、增加稅收、吸納就業等方面發揮了不可替代的作用。工業和信息化部的資料顯示，2014年，中國中小企業提供了50%以上的稅收，創造了60%以上的GDP，取得了70%以上的發明專利，創造了80%以上的城鎮就業崗位，中小企業數量占全國企業總數的99%以上。

(三) 成為世界第二大經濟體

改革開放以來，中國國民經濟蓬勃發展，綜合國力不斷增強。國內生產總值由1978年的3 678.7億元迅速躍升至2015年的67.7萬億元。其中，國內生產總值從1978年的3 678.7億元上升到1986年的1萬億元僅用了8年時間，上升到1991年的2萬億元僅用了5年時間，此後10年平均每年上升約1萬億元，2001年突破10萬億元大關，2002—2006年平均每年上升2萬億元，2006年突破20萬億元，之後每兩年上升約10萬億元，2015年達到67.7萬億元（見圖1-1）。

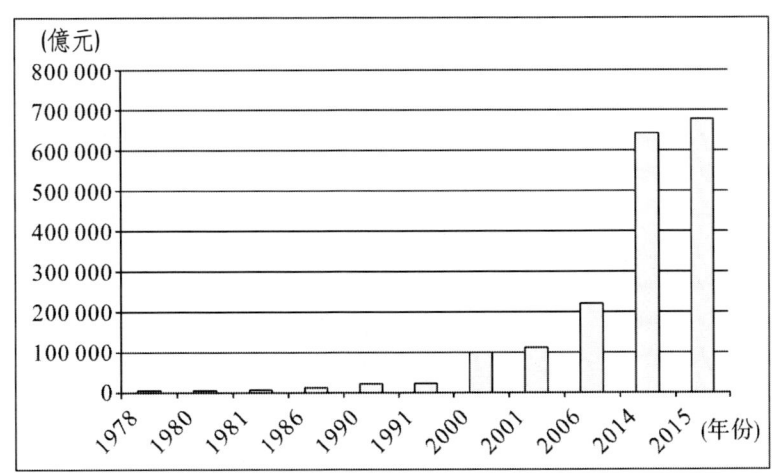

圖1-1　1978—2015年國內生產總值變動情況

數據來源：國家統計局。

經濟的快速發展使中國對世界經濟的貢獻不斷增加,在世界各國中經濟總量的排名穩步提升。1978年,中國經濟總量僅排名世界第十位;2008年便超過德國,居世界第三位;2010年更是超過日本,成為世界上僅次於美國的第二大經濟體。

(四) 實現從低收入國家向上中等收入國家的跨越

改革開放後,中國人均國內生產總值不斷提高,實現了從低收入國家向上中等收入國家的跨越。1978年人均國內生產總值僅有385元,1987年達到1 123元,1992年達到2 334元,2003年超過萬元大關至10 666元,2007年突破2萬元至20 505元,2010年突破3萬元大關至30 876元,2015年人均國內生產總值達到49 351元。與此同時,中國人均國民總收入也實現同步快速增長。世界銀行數據顯示,中國人均國民總收入由1978年的190美元上升到2012年的5 680美元,根據世界銀行的劃分標準,中國已經由低收入國家躍升至上中等收入國家(見圖1-2)。

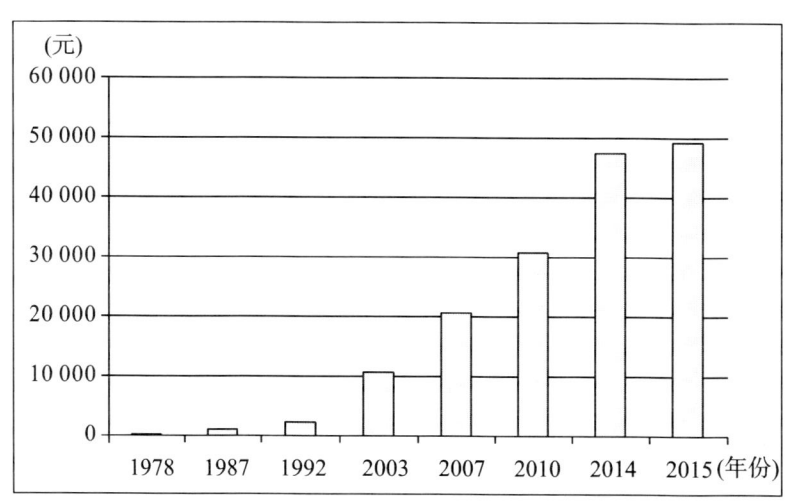

圖1-2　1978—2012年人均國內生產總值變動情況

數據來源:國家統計局。

(五) 第三產業增加值超過第二產業

改革開放三十多年來,三次產業得到長足發展,農業的基礎地位不斷加強,工業實現持續快速增長,服務業發展勢頭迅猛。三次產業結構持續優

化，1978年三次產業增加值在國內生產總值中所占的比例為27.7：47.7：24.6，2013年三次產業增加值在國內生產總值中所占的比例變為9.3：44：46.7，第三產業增加值首次超過第二產業。2015年，產業結構進一步優化，三次產業增加值在國內生產總值中所占的比例為9：40.5：50.5（見表1-1）。

表1-1　　　　改革開放後部分年代三次產業結構情況　　　　單位：%

指標	2015年	2013年	2012年	2011年	2008年	2000年	1992年	1978年
三次產業構成	100	100	100	100	100	100	100	100
第一產業增加值	9	9.3	9.4	9.4	10.3	14.7	21.3	27.7
第二產業增加值	40.5	44	45.3	46.4	46.9	45.5	43.1	47.7
第三產業增加值	50.5	46.7	45.3	44.2	42.8	39.8	35.6	24.6

數據來源：國家統計局。

（六）城鄉居民收入顯著提高

改革開放以來，國家深化收入分配制度改革，努力實現居民收入增長，確保城鄉居民收入的增長，人民生活水平不斷提高。2015年，全國居民人均可支配收入為21 966元。其中，城鎮居民人均可支配收入為31 195元，農村居民人均可支配收入為11 422元。與1978年城鎮居民人均可支配收入為343元，1978年農村居民人均純收入為134元相比，人均可支配收入取得了大幅的增長。

四、市場在資源配置中起決定性作用的最終確立

黨的十八屆三中全會通過的《中共中央關於全面深化改革若干重大問題的決定》（以下簡稱《決定》）指出：經濟體制改革是全面深化改革的重點，要處理好政府和市場的關係，使市場在資源配置中起決定性作用。市場配置資源是市場經濟的一般規律，健全社會主義市場經濟體制要遵循這一規律，著力解決市場體系不完善、政府干預過多和監管不到位的問題。凡能由市場形成價格的都交給市場，政府不再進行不當干預。《決定》進一步提出，要推進水、石油、天然氣、電力、交通、電信等領域的價格改革，放開競爭性環節的價格；實行統一的市場准入制度，在制定「負面

清單」的基礎上，各類市場主體可依法進入清單之外的領域；擴大金融業的對內對外開放，加快推進利率市場化改革，允許具備條件的民間資本依法設立中小型銀行等金融機構。此外，無論是在建設用地市場，還是在金融市場或科技創新領域的改革，「市場」都成為關鍵詞。

（一）明確市場在資源配置中起決定性作用具有重大意義

1. 有利於提高資源利用率

中國是一個發展中大國，當前資源短缺正日益成為制約中國經濟發展的瓶頸。市場在資源配置中起決定性作用，就是在市場競爭中，利用價格發揮信息傳遞和行為指導作用，實現資源的自由流動，促進資源使用效率的提高，以盡可能少的資源投入獲取盡可能多的效益，從而更好地滿足人民的物質文化需要。

2. 有利於建設高效廉潔的政府

市場在資源配置中起決定性作用，要求市場和企業能解決的，就交給市場和企業去做；社會仲介組織能夠擔負的職能，就交給社會仲介組織去做。這樣不僅有利於政府切實轉變職能，把工作重點轉移到加強市場監管、增強公共服務和維護社會公平上來，而且有助於鏟除腐敗滋生的土壤和根源，減少和消除腐敗。

3. 有利於激發經濟主體的積極性

市場經濟通過競爭來滿足消費者需求，實現自身的發展。競爭是促進生產力發展的最強動力。市場在資源配置中起決定性作用，能激發各類經濟主體參與市場競爭的熱情，促進企業採取新技術和新工藝，不斷降低成本，以在市場中求得生存。

4. 有利於解放生產力

生產力是社會發展的最終決定力量。市場在資源配置中起決定性作用，歸根到底就是要進一步打破對生產力發展的束縛，讓人才、技術和資本等要素充分流動，讓一切創造社會財富的源泉充滿活力。

5. 有利於打造公平的市場環境

市場在資源配置中起決定性作用，才能使政府真正從繁雜的日常事務中解脫出來，不斷創新行政管理方式，合理正確地履行職責，做好政府該做好、該管好的事情，營造公平的市場環境。

6. 有利於解決產能過剩問題

當前中國的鋼鐵、水泥等傳統產業以及太陽能光伏、風能等戰略性新

興產業，出現了嚴重的產能過剩，這些產業在很大程度上是由於行政干預、依靠大量財政補貼和信貸資金發展起來的。此外，政府有關部門用計劃經濟的思維審批項目，也是產能過剩的重要原因。市場配置資源是由眾多的生產者和消費者共同決定的，市場在資源配置中起決定性作用，能盡量減少各種非市場因素對資源配置的影響，讓市場自發調節生產經營行為，形成市場均衡價格，緩解行業產能過剩。

7. 有利於發展開放型經濟

開放型經濟涉及市場准入和體制改革，要求中國加快改革投資管理體制，建立統一、公平和透明的投資准入，使微觀主體能夠獲得更大的自主投資權限，使政府部門向反壟斷和安全審查等宏觀管理職能轉變。市場在資源配置中起決定性作用，有助於中國適應新一輪國際貿易投資自由化的要求，推動中國邁向更高層次的對外開放，進一步融入經濟全球化。

8. 有利於加快中國經濟轉型升級

中國經濟結構不合理，粗放型經濟發展方式轉變遲緩。政府定價或管制的價格仍然較多，這些問題導致多種要素價格不能真實反應資源稀缺程度和供求關係變化。與此同時，地方追求速度型經濟增長，加劇重複建設和產能過剩；政府以不當方式直接干預資源配置，扭曲要素價格、干擾市場機制作用，誤導資源配置。按照使市場在資源配置中起決定性作用的要求深化相關改革，是加快轉變經濟發展方式、推動經濟可持續發展的關鍵舉措。

（二）發揮市場在資源配置中起決定性作用的保障措施

改革開放後，中國不斷完善社會主義市場經濟，但現實中仍然存在各種有形無形的制度壁壘，政府職能還存在越位、錯位和缺位等問題，妨礙了生產要素的自由流動和市場的公平競爭。在某些領域，政府對微觀經濟進行了直接干預，對國有企業實施了隱性補貼，形成了對市場的替代，從而導致市場資源錯配、效率低下和信號失真。要使市場在資源配置中起決定性作用，就必須從廣度和深度上推進市場化改革，大幅減少政府對資源配置的直接干預，推動資源配置按照市場規則、市場價格、市場競爭實現效率的最優化。政府的職責主要是保持宏觀經濟穩定，提供公共服務，彌補市場失靈，加大市場監管力度，打造公平競爭的市場環境，破除壟斷，激發市場活力。

與30多年前相比，當前中國的市場化改革已經進入深水區，需要有更

大的勇氣來打破束縛生產力的體制機制障礙。要通過對資源的重新配置來提高效率，需要依靠市場化力量做好以下工作：

1. 統一認識

改革是中國進入新常態後的重要工作，要形成合力、凝聚共識，堅定不移地推進改革。當前，反對改革的聲音還不時存在，有的地方或者部門可能還會拖延改革。有的人認為改革削弱了公有制的主體地位，再走下去就會改旗易幟；有的人擔心改革會引發一些問題，造成出現一些不可控的局面。而實際上，中國的改革開放是在中國特色社會主義道路上不斷前進的，是鞏固而不是動搖了基本經濟制度。市場化改革的核心是解決效率與公平問題，主要任務是解放生產力，提高要素生產率。市場配置資源是市場經濟的一般規律，適用於所有市場經濟體制，健全社會主義市場經濟體制要遵循這條規律。今天的中國，面臨一系列的矛盾，必須深化改革，改革再也拖不起了。

2. 建立有序的市場體系

建設統一開放和競爭有序的現代市場體系，是市場在資源配置中起決定性作用的重要基礎。要加快形成企業自主經營、公平競爭，商品及要素的自由流動、平等交換的現代市場體系，替代通過行政管理體制配置資源的做法。建立公開透明的市場規則，實行統一市場准入制度，破除市場壟斷。在制定負面清單的基礎上，使各類市場主體依法平等進入清單之外領域。建立市場決定價格的機制，深化要素市場的改革，加快形成反應市場供求關係的資源價格形成機制。凡是能由市場定價的都交給市場，政府不對價格進行不當干預，包括放開水、石油、天然氣、電力、交通和電信等領域競爭性環節的價格。加強市場監管，著力解決監管不到位的問題，嚴厲懲處各類違法行為，反對各種形式的地方保護主義，反對行業壟斷和不正當競爭行為。

3. 打破既得利益集團的阻礙

必須承認，一方面30多年的改革取得了重大成就，另一方面也形成了諸多既得利益集團，這些既得利益集團無疑會成為深化改革的主要障礙。比如房地產領域的利益集團，在十多年來特殊的制度環境下成長起來，與政府和金融界形成了千絲萬縷的聯繫，構成了強大的利益集團，對國家房地產宏觀調控形成了巨大的阻力。

4. 加大協調力度

過去的市場化改革主要是指經濟體制改革，黨的十八屆三中全會明確

提出，今後推進包括經濟、政治、文化、社會、生態文明和黨的建設在內的「六位一體」的全面改革。就經濟體制改革而言，需要協調企業改革、價格改革和宏觀調控改革等，而「六位一體」的改革，需要協調的事情更多。

5. 關注市場化改革環境

當前改革的宏觀環境發生了一些變化。從外部環境來看，中國成為第二大經濟體後，一些國家和地區對中國持有偏見，並散布「中國威脅論」。從地緣政治來看，東海問題、南海問題和臺灣問題等不確定性增加。從內部環境來看，也發生了一些新的變化。過去中國經濟保持著10%左右的高速增長，新常態後開始以6%~8%的中高速增長。隨著經濟增速的放緩，各種社會矛盾開始顯現，需要隨時加以關注。

6. 推進改革的法制化

改革試點要上升到國家層面，將它變成法律法規，以指導今後的改革實踐。此外，隨著市場體系的完善，市場經濟制度需要不斷改進，原來設立的一些規則已經不能適應新的發展了，這就要求相關的政策法律體系也要進行相應的調整和完善。要對相關政策法規進行認真梳理，以釋放改革的紅利。

7. 轉變政府職能

在黨的十八屆三中全會公報中，對政府自身的行政體制同樣提出了深化改革的要求。「權利公平、機會公平、規則公平」是新一輪市場化改革的要求，也是政府體制改革的內在要求。未來政府行政體制改革應圍繞下放權力，轉變政府職能，提高政府工作效率，實現服務型政府的角色轉變。政府要做到不戀權，適當分權。政府主要職責是創造自由公平的制度環境，形成政府和市場的良性互動。政府在市場能夠進行自我調節的領域要堅決退出，要改變行政審批制度，包括投資體制改革等，以解決政府管理效率不高的問題。採取「負面清單」管理模式，由市場主體根據市場變化做出決策。處理好政府與市場的關係，釐清政府和市場的邊界，推動資源依據市場規則和市場價格進行配置，實現效用的最大化。當前政府服務還有令人不滿意的地方，需要政府適當下放一些權力，充分發揮社會組織的作用。社會公共服務領域要引入競爭，通過競爭來不斷提升政府的管理效率。

8. 創造公平競爭環境

按照黨的十八屆三中全會的要求，要解決權力的公平配置問題。改革

不是為了要特權,恰恰是要去掉特權;不是為了要優惠政策,而是要公平競爭的環境。過去搞了很多試點,各類實驗區、示範區、園區等都很多,有些是打著改革的旗號來爭取特權和優惠,向上級要帽子、要錢、要項目。這是偽改革,導致了不公平競爭。改革就是要打破資源和權力壟斷,促進要素的自由流動,構建公平競爭的市場秩序,改變資本配置效率低下的局面。

9. 加大金融改革力度

要優化金融資源配置,提高資源利用效率。長期以來,中國的信貸資金投放一直存在結構性矛盾,體現為信貸集中投放在政府項目和國有企業,對民營企業、中小企業與新興行業信貸支持力度較小。特別是近年來信貸資金過多地流向了房地產與地方政府投資項目,對實體經濟產生了嚴重的擠出效應,中小企業融資難融資貴的問題一直未能得到解決。新一屆政府應從金融資源錯配入手,推動金融體制改革,加快利率市場化、資產證券化等全方位金融體制改革,避免金融偏離實體經濟,暢通社會資金在金融體制內外的循環。

10. 完善產權保護制度

產權清晰是市場機制得以有效運轉的基本前提。沒有清晰的產權就沒有交換關係和供求關係的出現,也就談不上發揮市場配置資源的決定性作用。貫徹落實黨的十八屆三中全會精神,就必須進一步完善產權保護制度。

一是要進一步明晰和保護各類公有產權,努力提高公有財產和公共資源的配置效率。通過進一步明晰和保護公有財產權利,公有財產才能避免被侵占和流失,才能實現國有資產的保值增值。對於礦山、森林和土地等公共資源,也要進一步明晰和保護其產權,引入市場競爭,使公有財產按實價購買或租賃公共資源的使用權,以提高公共資源的配置效率,有效遏制公共資源被非法利用和浪費的現象。

二是要進一步明晰和保護各類私有產權,努力提高私有財產和生產要素的配置效率。只有進一步明晰並保護好私有財產所具備的所有權、佔有權、使用權、處置權以及剩餘索取權,才能從根本上調動個體私營經濟的積極性,促進經濟繁榮。

第二章
中國國有企業的市場化改革研究

作為經濟體制改革的核心和關鍵環節，國有企業改革在某種程度上決定了中國市場經濟未來的前途和命運。自 20 世紀 80 年代國有企業改革正式啓動以來，國有企業改革取得了重大的突破和進展，在監管體制、公司制改革、影響力和控製力以及市場主體層面，國有企業改革都取得了一定的成效。但與此同時，國有企業改革也存在一些問題。部分國有企業大而不強的現象仍然存在，與國外知名的跨國公司相比尚有一定差距。在塑造主體方面，有些國有企業還不是真正的市場主體。在現代企業制度方面，國有企業的法人治理結構還不是很完善，內部人控製、利益輸送以及公司董事會形同虛設的現象還比較突出；在國有資產監管上，還存在一些漏洞，等等。

實踐證明，國有企業與市場經濟的發展相輔相成，市場的完善是國有企業成長的力量源泉。國有企業的市場化改革要取得成功，其資源配置就必須由市場來決定。要打破行政壟斷，制定公平統一的市場准入標準，取消國有企業在資金、資源獲取等方面的特權，厘清政府和企業之間的關係，提升國有企業的經營效率。通過市場化改革，使國有企業真正成為自主經營、自負盈虧的獨立法人實體和市場競爭主體。

一、中國國有企業改革的歷程

中國國有企業的改革是隨著中國市場經濟的發展而展開的。改革開放 30 多年來，中國的國有企業經歷了一場深刻的變革，國有企業改革沿著市場化的方向不斷向前推進。中國的國有企業改革大致經歷了六個階段。

（一）初期放權讓利階段（1980 年前後）

1978 年 12 月，黨的十一屆三中全會在北京召開。全會決定擴大企業自主權，調整國家與企業之間的利益關係，建立企業內部經濟責任制，實行廠長（經理）負責制。這一階段試圖在計劃經濟體制的框架內，通過放權讓利來增強企業的活力，擴大自主權和實行利潤留成制度，激活傳統體制下國營企業的盈利意識和發展意識，為逐步適應市場競爭奠定基礎。由於計劃經濟體制占據主導地位，大部分商品的價格和企業的生產經營活動都受到指令性計劃的控制，市場體系尚處於萌芽狀態。

第二章　中國國有企業的市場化改革研究

(二) 實施承包經營責任制（1982年起）

1982年9月，黨的十二大在北京召開，提出經濟體制改革的中心環節是搞活國營大中型企業。在國有企業所有權與經營權分離的條件下，實施承包經營責任制的改革，出現了承包制、租賃制、資產經營責任制、稅利分流以及股份制試點等多種經營方式。

1987年年底，全國預算內的全民所有制企業有78%實行了承包制。此階段的承包制仍屬於放權讓利的範疇，承包制存在的體制缺陷仍未消除政企不分的問題，但承包制的實施使計劃經濟下的國營企業邁出了向市場經濟下的國有企業轉化的第一步。

(三) 建立現代企業制度（1992年起）

1992年10月，黨的十四大在北京召開。大會提出，中國經濟體制改革的目標是建立社會主義市場經濟體制，使市場在社會主義國家宏觀調控下對資源配置起基礎性作用。至此，中國進行了計劃、價格、財稅和金融等宏觀經濟體制改革，市場決定價格的機制初步形成，國有企業的預算約束逐步硬化，國有企業改革沿市場化的方向深入推進。

1993年11月，中共中央十四屆三中全會在北京召開。全會提出，建立現代企業制度是發展社會化大生產和市場經濟的必然要求，是中國國有企業改革的方向，現代企業制度基本特徵是「產權清晰、權責明確、政企分開、管理科學」。

1993年12月，《中華人民共和國公司法》頒布，加快了國有企業的公司制改革和境內外重組上市的步伐，推動了國有資本進入市場。

1994年7月，《中華人民共和國勞動法》頒布，為國有企業建立能進能出的人員流動機制提供了支撐，加快了國有企業建立現代企業制度的進程。

(四) 國有經濟佈局實行戰略性調整（1997年起）

隨著國有企業市場化改革的推進，市場競爭日益加劇，國有企業開始出現分化。在一大批國有企業脫穎而出的同時，也有不少國有企業陷入了困境，國有企業改革面臨新的挑戰。

1997年9月，黨的十五大在北京召開。大會提出：「要從戰略上調整國有經濟佈局。對關係國民經濟命脈的重要行業和關鍵領域，國有經濟必

須占支配地位。在其他領域，可以通過資產重組和結構調整，以加強重點，提高國有資產的整體質量，」「要著眼於搞好整個國有經濟，抓好大的，放活小的，對國有企業實施戰略性改組，」「實行鼓勵兼併、規範破產、下崗分流、減員增效和再就業工程，形成企業優勝劣汰的競爭機制。」自此，國有企業戰略性改組的步伐加快。

1999年9月，中共中央十五屆四中全會在北京召開。全會通過了改革開放以來第一個關於國有企業改革的專門文件——《關於國有企業改革和發展若干重大問題的決定》，指出調整國有經濟佈局要堅持有所為有所不為，要抓大放小，通過改組、聯合、兼併、租賃、承包經營和股份合作制、出售等形式，搞好國有小企業。

按照對國有經濟進行戰略性調整的方針，國有企業進行了戰略性改組。經過重組上市，一大批國有企業競爭力顯著提高，一些長期虧損的國有企業退出了市場。

（五）國有資產管理體制改革（2002年起）

2002年11月，黨的十六大在北京召開。大會提出，要改革國有資產管理體制，中央和地方政府要分別代表國家履行出資人職責，管資產要與管人、管事相結合，中央政府和省、地市兩級地方政府要設立國有資產監管機構。由此，新的國有資產管理體制改革全面啟動。

2003年4月6日，國務院國有資產監督管理委員會正式掛牌，省、市兩級地方政府國資委相繼組建，形成了具有中國特色的國有資產管理體制，改變了國有企業管理職能分散在各個部門的局面。

2009年5月1日，中國第一部關於企業國有資產管理的法律《中華人民共和國企業國有資產法》施行，標誌著中國對企業國有資產管理有了最高層級的法律約束與規範。

（六）改革進入攻堅克難階段（2012年起）

2012年11月，黨的十八大在北京召開。會議指出：「要毫不動搖鞏固和發展公有制經濟，深化國有企業改革，完善各類國有資產管理體制，推動國有資本更多投向關係國家安全和國民經濟命脈的重要行業和關鍵領域，不斷增強國有經濟活力、控製力、影響力。」

2013年11月，黨的十八屆三中全會審議通過了《中共中央關於全面深化改革若干重大問題的決定》，提出了積極實施國有企業分類管理、發

展混合所有制經濟、完善國有資產管理體制、推動國有企業完善現代企業制度、健全協調運轉有效制衡的公司法人治理結構等內容，改革進入全面深化期。

2015年9月，中共中央、國務院下發了《關於深化國有企業改革的指導意見》，該意見提出：「以提高國有資本效率、增強國有企業活力為中心，完善產權清晰、權責明確、政企分開、管理科學的現代企業制度，完善國有資產監管體制，防止國有資產流失，全面推進依法治企，加強和改進黨對國有企業的領導，做強做優做大國有企業。」

自此，以市場化為方向的新一輪國有企業改革開啓。

二、中國國有企業發展現狀

改革開放以來，作為經濟體制改革的中心環節，國有企業改革不斷推進，國有經濟佈局不斷優化，國有企業發展活力不斷增強，國有企業改革取得了顯著成效。

(一) 國有企業佈局發生重大變化

通過改制、兼併、租賃和出售等方式，國有企業逐步從中小企業層面退出，戰線大大收縮，國有企業佈局結構得到優化；通過政策性關閉破產，使一些長期虧損、資不抵債、扭虧無望的國有大中型企業平穩有序退出市場，並對職工進行了妥善安置；國有資本逐步從一般的生產加工行業退出，更多地流向關係國民經濟命脈和國家安全的行業和領域；一批國有企業在競爭中逐漸發展壯大，成為世界500強的國有企業不斷增多。

(二) 政府管理職能與出資人職能初步進行了分離

黨的十六大提出了「權利、義務和責任相統一，管資產和管人、管事相結合」的國資監管重大原則。地方各級國資委的組建，在機構設置上實現了管理職能和出資人職能的分離，《中華人民共和國企業國有資產法》則從法律層面確立了國資監管機構的職責定位。國有企業以其全部財產對外承擔責任，變為獨立的法人實體。

(三) 國有資產監管方式不斷完善

建立和完善業績考核及重大責任追究機制，根據經營管理績效、風險

和責任確定企業負責人薪酬；加強產權流轉監管，通過覆蓋全國的國有產權交易監控平臺，防止國有資產流失；利用財務監督、外派監事監督、審計監督、紀檢監督和巡視監督等多種方式，加強國有資產監管，初步形成企業國有資產經營管理重點環節的監督體系。

(四) 國有企業經營機制發生較大變化

公司制股份制改造深入推進，公司治理結構逐步規範。按照《中華人民共和國公司法》和《中華人民共和國企業國有資產法》的要求，多數國有企業建立了股東大會、董事會和監事會等機構，國有企業決策水平和風險防範能力明顯提升。國有企業勞動、人事和分配三項制度改革逐步深化，許多企業實行了全員勞動合同制、員工競爭上崗和以崗位工資為主的基本工資制度，對市場化選聘企業高層管理者也進行了試點和探索。

(五) 國有企業經濟效益得到提升

財政部的數據顯示，2015年，全國國有及國有控股企業（簡稱國有企業）經濟運行穩中向好。全年國有企業實現營業總收入454 704.1億元，其中中央企業271 694億元，地方國有企業183 010.1億元。實現利潤總額23 027.5億元，其中中央企業16 148.9億元，地方國有企業6 878.6億元。完成應交稅金38 598.7億元，其中，中央企業29 731.4億元，地方國有企業8 867.3億元。2015年末，國有企業資產總額為1 192 048.8億元，負債總額為790 670.6億元，所有者權益為401 378.2億元。其中，中央企業資產總額為642 491.8億元，負債總額436 702.3億元，所有者權益205 789.4億元；地方國有企業資產總額為549 557億元，負債總額為353 968.3億元，所有者權益195 588.8億元。2015年中國企業500強排名中，前十九位均為國有企業。

(六) 行業分佈較廣

從中央企業來看，行業分佈主要集中在一些壟斷性領域，如石油、石化、電信、金融和軍工等，同時也涵蓋一些競爭性行業，如房地產等行業。從地方國有企業來看，行業主要集中在兩類。一類是當地支柱產業，如上海市經營性企業資產大都集中在戰略性新興產業、先進製造業和現代服務業，陝西、河南省屬國有企業資產主要集中在能源化工、裝備製造和有色金屬等。另一類是公共基礎設施領域，如湖北省交通投資集團一家企

業的資產就占省屬經營性資產總量的一半以上。

(七) 地方國有企業差別較大

從各地來看，地方國有企業發展水平參差不齊。以上海市為例，當地政府一直大力推進國有企業整體改制上市，國有企業正逐步完成從資產到資本的過渡。而對於計劃經濟較早進入的東北地區，國有經濟占當地經濟的比重較大，國有企業改革任務艱鉅。各地國有企業的發展差異，決定了國有企業改革方案不能搞「一刀切」。

(八) 深度融入世界經濟

伴隨著中國經濟的快速崛起，中國國有企業在國際舞臺上開始扮演越來越重要的角色，以中央國有企業為代表的中國企業集體崛起。1975—1980 年中國的國有企業在世界 500 強中是零記錄，2013 年世界 500 強中國有企業達到 83 家。從營業收入和資產總額來看，中國國有企業規模迅速壯大，與美歐日企業之間的差距不斷縮小。在經濟全球化的背景下，中國企業呈現加快「走出去」的趨勢。

三、中國國有企業發展存在的問題

隨著改革的不斷深入，中國的國有企業發展在取得成效的同時，也暴露出一些問題。

(一) 在認識上存在誤區

一些人認為國有企業是共產黨的執政基礎，就應當進行保護，就應當實施一些行政壟斷，給予一些特殊政策。一些地方政府以各種理由對社會資本設定門檻，或者用行政手段破壞公平競爭的市場環境，保護國有企業的壟斷地位。實際上，經濟發展了，百姓安居樂業，人心安定，黨的執政基礎才牢靠。如果國有企業效率低下，既不利於充分就業，也不利於提高城鄉居民收入，更不利於增加政府稅收，反而會影響黨的執政基礎。

(二) 國有企業高管人員行政色彩濃厚

由於很多國有企業的高管既是行政官員又是企業高管，其任命與免職遵循的是行政化的選人方式，他們沒有動力去提高公司業績，與國有企業

建立現代企業制度的目標相去甚遠。有的國有企業高管「官本位」思想嚴重，對企業的使命和責任感缺乏足夠認識。有的將企業作為個人行政升遷的跳板，利用國有資產炮制一些毫無市場前景的政績項目，導致國有資產大量浪費。這些都不利於中國國有企業的發展。

（三）現代企業制度不夠完善

中國很多國有企業完成了公司制股份制改革，建立了股東會、董事會和監事會等機構，但目前董事會的考核和外部董事的選拔、任用和評價機制還不夠完善，董事會的運行機制還不健全，國資監管機構、董事會和經營管理層之間的關係尚需進一步理順。企業的經營管理制度還不能適應市場經濟的要求，企業經營者的行政化管理色彩仍然存在，企業內部市場化選人用人和激勵約束機制還沒有真正形成。

（四）決策不夠科學

中國國有企業很多雖然經過了改制，但國有股一股獨大的現象仍然存在。大股東「挾股權優勢」做空董事會，中小股東只能成為企業中的「弱勢群體」。從某種程度上說，大股東操控的董事會形成了「一言堂」，大股東利用不正當手段侵害投資者的利益情況時有發生。現實中，很多重大決策都由大股東拍板決定，沒有經過廣泛的論證，缺乏科學依據。

（五）退出機制尚待健全

中國在20世紀末進行了國有經濟「有進有退」的改革，贏得了後來的良好發展局面。國有企業作為企業，是一個市場經濟主體，有其生命週期。當企業出現嚴重虧損、資不抵債時，就應當按照《破產法》進行破產清算或破產重整。目前，中國的一些國有企業經營失敗，出現了困難，有的甚至虧損，資不抵債，本應退出市場，但由於種種原因，這些企業無法破產和倒閉，只能苦苦支撐，難以有效退出。

（六）「僵屍企業」大量為國有企業

當前中國面臨著嚴重的產能過剩，庫存嚴重積壓的行業中，除了部分為民營企業外，大部分是國有企業。大量的「僵屍企業」構成中，主要是國有「僵屍企業」。由於國有企業未形成能進能退、能生能死和優勝劣汰的市場退出機制，不少本應退出的國有企業仍然依靠政府的補貼、銀行的

貸款，勉強維持，形成了大量的國有「僵屍企業」。

（七）局部的改革有倒退現象

在國有企業改革取得重大進展的同時，也出現了局部改革處於停滯狀態甚至倒退的現象。以部分中央國有企業為例，近幾年沒有按照中央關於調整國有經濟佈局中「有進有退、有所為有所不為」的要求，基本上停止了「退」的步伐，全面進入國民經濟各個行業，包括許多競爭性行業，如房地產、鋼鐵、煤炭、水泥、玻璃、鐵礦石、有色金屬等行業，導致國有經濟分佈過寬，資源未能合理配置。

（八）缺乏有效的監督機制

中國的不少國有企業都已經是上市公司，但計劃經濟的色彩濃厚，上市公司的股東大會和董事會不能夠對公司管理層形成真正的制衡和約束，公司經營者經常遊離於監督之外，為上市公司操縱利潤提供了方便。國有企業「人治」色彩濃厚，董事長的話就是制度，缺乏有效的監督和制約舉措。

（九）資產權屬不清

受以往國家大包大攬的計劃經濟體制影響，很多國有企業對無形資產的管理未能引起重視，專利權、商標權和特許權等無形資產沒有進行註冊、申報和授權，使得現在國有企業對這些無形資產理不清，產權界定也存在困難。比如有的企業使用他人商標或者商標無償提供給他人使用，但專利卻沒有及時進行申報。

（十）國有企業出現大規模擴張

近年來國有企業由於大量使用廉價的土地資源、資金資源乃至行政資源，助長了國有企業大規模的擴張。隨著中國經濟步入新常態，國有企業依靠規模擴張的方式發展壯大已經沒有可能，許多國有企業開始顯現出疲態。2014年中國500強企業榜顯示，500強企業中共有43家虧損，其中42家為國有企業。在國有企業集中的東北地區，以遼寧省為例，《2015年遼寧經濟社會形勢分析與預測》顯示，2014年遼寧省國有企業經濟效益出現下滑，企業虧損面高達50%左右，國有企業的虧損呈現出由點到面的發展趨勢。

（十一）一些行業市場化程度較低

中國在電信、金融、能源、交通等領域，市場開放程度較低。由於壟斷程度高，缺乏市場競爭，國有企業缺乏創新動力，技術水平低，成本控製也較為不力。一些行業在價格上未能與市場接軌，在服務質量上與國外相比存在較大差距，導致國民福利被剝奪，引發了公眾的不滿。以中石油和中石化為例，在某些時段國際油價大幅下跌的時候，中國的油價卻變化不大，備受消費者的質疑。

（十二）國有企業承擔了太多的社會職能

中國的國有企業是從計劃經濟中走出來的，肩負著社會責任的重擔。在改革過程中雖然對社會職能進行了剝離，但仍有一部分國有企業存在著老國有企業留下的歷史痕跡和負擔。截至2013年年底，各級國資委系統的國有企業辦社會職能機構16 593個，從業人員達178萬，成本支出達1 384億元。其中，中央企業辦社會機構為7 337個，從業人員達70萬，支出為932億元。若要企業卸掉這些「包袱」，改革需要支付巨大的成本。

（十三）中央國有企業高管薪酬偏高

在中國現有的國有企業管理體制下，國有企業高管在享受著市場化高薪的同時，還享受著行政級別所帶來的特權。國有企業高管們身兼兩種身分，他們不光是市場環境下的公司管理者，又是權力序列中的行政官員，其薪酬待遇的考量與核算也是一種交織著市場與行政的雙軌制。由於身分的混雜與薪酬雙軌制，導致了國有企業高管薪酬過高、福利過多、職務消費過濫等諸多不合理現象。

（十四）薪酬存在總量控製

目前國有企業薪酬仍然有工資總額的限制。工資總額的本質是企業的人力資源成本，是企業核心競爭力的組成部分，人為地加以控製顯得不太合理。企業人員的工資在市場上都有標準，但實行總量控製後，與市場接軌操作起來就存在難度。

（十五）勞動用工制度沒有市場化

中國的國有企業雖然進行了用工制度改革，實行了全員勞動合同制，

但要真正做到「能進能出」還有很大困難。當前的普遍現象是，進了國有企業就等於端了鐵飯碗，國家一包到底，只要不犯錯誤，職工就可以干到終身直至退休。在現行體制下，一些國有企業冗員問題十分突出。

四、新常態下國有企業改革面臨的挑戰

當前，中國的經濟已步入新常態，國有企業生存環境發生一些新的變化，以往的一些紅利已經消失，大部分中央國有企業都面臨產能過剩的巨大壓力，有的國有企業開始虧損，個別國有企業甚至陷入經營危機。在新形勢下，國有企業改革已經進入深水區和攻堅克難階段，面臨諸多挑戰。

（一）地方政府和國有企業缺乏改革積極性

黨的十八屆三中全會後，國務院及有關部委相繼出抬了《關於深化國有企業改革的指導意見》《關於國有企業功能界定與分類的指導意見》等1+N個文件。在文件發佈後，國有企業改革呈現了上熱下冷的局面。地方政府對中央出抬的國有企業改革文件大多持按兵不動的觀望態度，國有企業本身缺乏改革的主動性，基本上處於被動改革的狀態，社會上對這些文件的反應也比較冷淡。

（二）民營企業參與國有企業改革心存憂慮

對混合所有制改革，民營企業對參股國有企業並不熱情，主要是擔心投資後被國有資本控製。由於在大多數行業和領域，國有企業要保持獨資或控股地位，因而民營企業只能採取參股的方式。參股意味著民營企業僅僅是小股東，在政府沒有放棄對國有資本的資源和政策支持的情況下，在中小股東利益沒有得到有效保護的前提下，參股方式在很大程度上存在著民營資本被國有資本控製的風險，且民營企業在國有控股企業中幾乎沒有發言權，有的發言權甚至被剝奪了。顯然，民營企業不願意參與這樣的國有企業改革。

（三）改革受到既得利益集團的阻撓

國有企業改革涉及利益的再分配，必然會遭遇重重阻力。在一些行業和領域，長期以來的市場准入形成了龐大的國有壟斷企業利益集團，他們具有很強的話語權，經常把自身利益等同於國家利益，似乎取消了壟斷就

會損害國家利益。這些行業和領域一旦放開，既得利益集團的壟斷所得將會受到很大影響，因而是難以接受的，他們會千方百計阻撓改革。

（四）公益類和商業類企業完全剝離難度大

國家將國有企業分為公益類和商業類，是此輪國有企業改革的重大突破，但是在具體操作過程中會面臨不少困難。有些國有企業涵蓋不同的業務，既有商業類也有公益類，這是經過多年發展而來的，中間有著千絲萬縷的聯繫，要完全剝離難度很大。

（五）對黨管幹部責權不對等

人員分類管理體現了現代企業的治理方式，但對於黨管幹部的約束大於激勵，容易造成權責不對等。按照新的國有企業改革指導意見，黨管幹部與職業經理人將執行差異化的薪酬體系。從中國的現實情況來看，職業經理人更多地還是停留在操作層面，真正承擔風險的還是董事會，特別是董事長。因此，若職業經理人的薪酬遠高於董事長，將有失公平。

（六）國有企業考核制度需要市場化

中國的國有企業涉及不同的行業和領域，發展階段也不同，各地的國有企業發展水平還存在著較大差異。雖然國有企業狀況千差萬別，但國資委的考核辦法卻是統一的。合理的考核體系應是企業的股東大會和董事會根據具體情況，為實現企業自身的發展目標，解決企業發展中存在的各種問題而確立，由國資委統一考核有失偏頗。國有企業要改革，考核制度也要市場化，這樣才能從根本上解決考核是為了應對上級，而不是為了企業發展的問題。

（七）員工持股難以做到「同股同權」

員工持股是國有企業改革的大方向，但在實踐過程中容易出現「同股不同權」的現象。當企業要增資擴股的時候，或者企業出現虧損的時候，持股員工很難做到風險共擔。當商業利益與社會利益要有所取捨的時候，員工也很難保持與國有資本的一致性。一旦發生問題，兜底的還是國有資本。

(八) 國有「僵屍企業」處置困難

2015 年 12 月，在國務院政策例行吹風會上，國資委再次將焦點對準「僵屍企業」，可見「僵屍企業」的問題已越來越受到國家和大眾的關注了。雖然這些國有「僵屍企業」創造了很多就業機會，但如果讓這些企業繼續存在下去，將造成國有資源的浪費，並阻礙中國經濟建設發展和社會的穩定發展。由於國有企業沒有形成優勝劣汰的市場退出機制，加上政府維穩壓力較大，國有「僵屍企業」難以有效處置。

(九) 化解產能過剩的方式存在隱患

當前，各級政府化解產能過剩主要採取行政手段，通過企業間的兼併重組，加上政府補貼和優惠政策等手段，暫時緩解了結構失衡的矛盾和困難，在過剩產業產銷間取得相對平衡。由於未能從體制機制上加以改進，形成產能過剩的深層次原因沒有得到根本解決，這樣的結果只能是治標不治本。從長遠來看，不僅會影響供給側改革戰略的實施，還可能給中國的經濟發展留下隱患。

五、深化中國國有企業改革的舉措

當前，中國的國有企業改革已經進入「深水區」，任重道遠，需要以極大的智慧和勇氣來推進國有企業的市場化改革。

(一) 樹立市場化觀念

新一輪國有企業改革，方向是市場化。要大力倡導市場化觀念，並在實踐中引入市場化的營運理念。要注重運用戰略發展、公司治理、財務管理、資本營運、資源整合、風險控製和品牌營銷等市場化經營管理理念，提高企業的管理水平，提升企業的創新能力，提高企業的產品和服務質量，增強企業活力。

(二) 明確商業類國有企業的市場化目標

商業類國有企業完全按照市場規則來運作，經營目標就是追求利潤最大化，這與一般的市場主體沒有差別。政府放棄對這類國有企業的各種保

護，包括行政壟斷、政策支持等，讓他們在市場上與民營企業展開平等的競爭。對於這類企業，應完全按照《公司法》的制度規範來運行，投資主體也應多元化，無須國有獨資，也不必要求絕對控股。國有持股多少由市場決定，政府不進行干預。政府作為出資代表人，只負責監督從企業獲取足額收益。只有通過市場化運作，才能解放和發展社會生產力，才能使國有企業煥發活力，提高資本效率，增加國際競爭力和影響力。

（三）國有企業改革要去「行政化」

國有企業要建立現代企業管理制度，核心是「去行政化」。「去行政化」的實質，意味著要以「市場化」為導向。首先要剝除高管們的行政官員身分，明確他們在市場上的主體地位，建立市場化機制，在任用、薪酬、考核等方面與企業的經營狀況掛勾。其次要明確政府監管與企業經營的關係，尤其要明確代表政府監管的行政官員與負責企業經營的公司管理者之間的責任分工，以免前者凌駕於後者之上。要給企業管理者賦予相對獨立的自主決策權和用人權，避免行政干預。

（四）完善國有資產管理體制

實踐表明，在深化國有企業改革的同時，還要致力於完善國有資產管理體制。黨的十八屆三中全會指出，要以管資本為主加強國有資產監管，這對國有資產監管提出了新的要求。

（1）積極探索新模式和新方法。以管資本為主加強國有資產的監管，更加突出了出資人的代表性質，更加注重了國有資本運作，更加強調從出資人角度來加強監管。各級國資委應以產權關係為紐帶，依法通過公司章程，圍繞「管好資本」落實出資人職責，不干預企業的具體經營活動，不侵犯企業的經營自主權。

（2）抓緊研究設立或改組國有資本投資營運公司。國有資本投資公司以產業投資為主，著力培育競爭力。國有資本營運公司主要開展股權投資，優化國有資本佈局，實現國有資本的保值增值，充分體現國有經濟的活力。

（3）推進國有資本優化配置。根據黨的十八屆三中全會精神，進一步推進國有經濟佈局結構調整，優化國有資源配置，使國有資本更好地服務於國家發展戰略，提供優質的公共服務，發展戰略性新興產業。

（五）實施分類管理

（1）對公益類國有企業，應限制其進入其他一般性競爭領域，如房地產開發等。這樣有利於對國有企業進行分類管理，以免出現企業屬性難以鑒定是商業類還是公益類的問題。與此同時，也免除了國有企業在一般性競爭領域與民營企業不必要的競爭。

（2）對於已經存在的多重屬性國有企業，應進行分層次差異化管理。在母公司層面主要負責資本營運，結合多元考核目標。在子公司層面嚴格分類，公益性公司不得進入一般性競爭領域。一般性競爭領域的子公司要進行股本多元化改造，逐步淡化控股地位。

（六）推進產權制度改革

產權制度改革的重點是推進各級國資委所監管的一級企業的股權多元化改革。要加快完成一級企業的公司制改革，多途徑推進一級企業的股權多元化。可將部分一級企業的國有股權劃撥給國有資本投資營運公司，也可將部分國有股權劃撥給社保基金，引入社保基金參股。競爭性企業還可以引入戰略投資者，包括民間投資機構。對國有資本不需要控製且可以由社會資本控製的國有企業，可採取國有資本參股的方式或者全部退出。對於一些主要資產已經上市的企業，爭取實現整體上市。通過企業股權多元化改革，形成相互制衡的股權結構。

（七）建立國有企業的退出機制

國有企業既然是市場主體，就要參與市場競爭。要能進能退，進退的原因和方式以市場法則為依據。在市場經濟體制下，國有企業和民營企業是平等的市場主體，大家公平競爭，優勝劣汰。對於那些長期不能正常經營或處於虧損狀態的國有企業，退出是正確的選擇。有些人擔心，退出容易導致國有資產流失。實際上，退出不僅不會造成國有資產的大量流失，反而有效地保全了國有資產，避免了國有資產的持續流失，優化了國有資產佈局。所以，不能以國有資產流失為由，堵住國有企業的退路。當然，在退出環節上必須規範操作、公開透明。客觀地講，現在社會上「國有企業不能一賣了之」的說法具有片面性，會使人有背負國有資產流失之嫌，從而使改革陷入停滯狀態。這種說法的出現，再一次證明瞭解放思想和統

一思想對於改革的重要性。

(八) 調整產業結構

在市場經濟下，只有進行產業結構調整，企業才能跟上市場經濟發展的步伐。一是要進行過剩產能的調整，發揮市場機制的作用，淘汰落後的生產能力，提高產業的集中度，促進企業做強做大。二是要提升產業層次和技術水平，建立以市場為導向、「產學研」結合的技術創新體系，開發具有知識產權的知名品牌，完善創新的激勵機制，提升企業的創新能力。三是要大力發展新興產業，發揮國有企業的引領帶動作用。

(九) 完善公司治理

(1) 逐步減少董事會中有行政級別董事的比例，增大外部董事的比例。提高董事進入門檻，強化董事責任。完善董事會的決策機制，使決策更加民主透明，形成制衡機制。政府將決策權下放給董事會，減少對國有企業的干預，並對董事會的權、責、利予以明確。

(2) 總經理逐步採取市場化選聘的方式產生，選聘工作由董事會主導，總經理向董事會負責。董事會負責制定總經理考核方案並對其進行考核，總經理負責選聘副總經理及其他管理人員並對其進行管理。

(3) 完善董事會議事規則和流程，明確董事會和經理層的權利責任劃分，建立嚴格的董事會、經理層和監事會等機構邊界清晰的工作程序，理清決策權與執行權的確立機制，力爭做到權責明晰，為企業的科學發展奠定基礎。

(十) 建立市場化的薪酬機制

企業管理者肩負著企業管理的職責，承擔著決策的重任，必然要求建立市場化的薪酬激勵機制。與企業經營狀況掛勾的薪酬待遇才能激勵管理者，促進管理者更加努力地在企業管理中發揮自己的才能。從這個意義上說，對於經營狀況良好的企業管理者，根據其能力表現及突出業績，享受較高的薪酬待遇是理所當然的事。

(十一) 加大監督力度

將社會審計同政府審計結合起來，社會審計機構每年出具審計報告，

並對社會公眾發布，同時政府審計報告也要2~3年進行一次。要提高社會審計機構的門檻，社會審計機構必須是具有一定規模和影響力的合夥制企業，並承擔連帶責任。

（十二）鼓勵創新

當前中國正處於經濟轉型的關鍵時期，經濟發展處於由速度規模型向質量效益型轉變的過渡階段，創新驅動尤為重要。國有企業作為「共和國長子」，創新責無旁貸。要加大對國有企業創新方面的考核，鼓勵國有企業進行管理創新、技術創新和產品創新。

（十三）做好國有企業辦社會職能分離改革工作

積極探索政策性破產、國有企業辦社會職能移交和廠辦大集體改革等遺留問題的解決方式和有效途徑，加快制定具有可操作性的實施方案。重點做好國有企業辦社會職能的分離改革工作，包括職工家屬區「三供一業」和所辦醫院、學校、社區等公共服務機構。繼續推動廠辦大集體改革，對國有企業退休人員進行社會化管理。按照國家有關政策，建立政府與企業的協調機制，多渠道籌集資金。

（十四）地方國有企業改革要因地制宜

中國的國有企業數量多、規模大、情況複雜，國有資產實行分級管理。改革要注意保護地方政府投資辦企業的實際利益，調動地方政府推動國有企業改革的積極性，鼓勵地方國有企業大膽探索和積極創新。地方政府在貫徹黨的十八屆三中全會有關國有企業改革大政方針的同時，可根據本地的實際情況，自主決定地方國有企業的改革事宜，而不是完全按照中央國有企業的改革方案和方法來推進地方國有企業的改革。這是因為：

（1）根據國家有關法律法規，中國的國有資產由國務院和地方政府分別行使出資人權力，地方政府作為當地國有企業的出資人，對地方國有企業的改革應當擁有主導權。國務院有關部門和地方政府在國有資產管理上是指導關係，而不是上下級的行政領導關係，否則可能又要回到計劃經濟時代。

（2）中央國有企業和地方國有企業在規模、結構上存在較大差別，許多地方國有企業已經退出了競爭性行業，剩下的大多數分佈在公共服務和

基礎設施領域，數量不多且規模不大。因此，地方的國有企業改革應考慮其特殊性，不能完全照搬中央的國有企業改革政策。比如，地方國有企業中基本上沒有關係到國家安全和國家戰略的大型企業，在分類上不一定要分為公益類和商業類兩大類。

（3）地方國有企業的改革目標與中央國有企業不一樣。經過多年的佈局調整，地方國有企業多數分佈在城市基礎設施和公共服務領域，因此地方國有企業改革的主要目標既不是做大，也不是加強「控製力」和「影響力」，而是增強「活力」和「保障力」。

第三章
國有企業改革的國際經驗借鑑

20 世紀 70 年代以來，世界上很多國家普遍面臨國有企業效率不高、機制不活等問題，各國政府都對改革國有企業體制進行了積極的探索。在研究市場經濟條件下，世界各國政府管理和調控國有企業的成功經驗，對於中國深入推進國有企業改革，增強國有企業的活力，將提供有益的啟示和借鑑。

一、國外國有企業的基本情況

（一）國有企業的分類[①]

世界上國有資產管理較好的國家或地區，一般都對國有企業實施了分類管理，以反應政府對不同類別國有企業的功能目標、國有股權比重、業績考核與薪酬管理等方面的不同要求。對國有企業實施分類管理的原因主要有兩方面：

一是通過有效管理來實現國有資本目標。對承擔公共服務的企業，分類管理要求履行公共服務職能，明確企業和政府的雙邊責任；對實施戰略目標的企業，分類管理要求在按照市場規則經營商業業務的同時，力求戰略目標的實現。

二是通過制定市場化規則、明晰政府和企業的雙邊責任、提高透明度等措施來化解對國有企業存在合理性的爭議。通過立法、明確企業實現目標、簽訂經營業績合同等方式，對特定領域的企業商業性業務和特殊性業務進行獨立核算，明確政府和企業的責任，政府對企業承擔公共目標所產生成本的補貼信息也公開透明。商業性的企業則完全按照市場化的規律實現資本回報的目標。

各國對國有企業的分類標準主要有：

1. 按企業市場地位或競爭程度分類，以法國和新加坡為代表

法國政府依據企業的法律地位、競爭性以及產品價格管制與否，將國有企業分為壟斷性和競爭性兩類，壟斷性國有企業包括法國電力、法國鐵路、法國航空、法國郵政和法國電信等企業；競爭性國有企業包括加工業、建築業和服務業中的國有企業。新加坡將國有企業分為壟斷性法定機

[①] 張政軍. 國有企業分類管理如何推進 [N]. 經濟日報，2013-05-03.

構和競爭性政府聯繫公司，壟斷性法定機構包括經濟發展局、電信局、港口、公用事業局等機構；而競爭性政府聯繫公司則包括淡馬錫、新科技等四大控股公司及其投資控股的子公司等。

2. 按利益屬性和賦予目標分類，以芬蘭、瑞典和挪威為代表

芬蘭將國有企業劃分為有特定任務的國有企業、有戰略利益的商業性國有企業和以投資者利益為主的純粹商業性國有企業三類，芬蘭電網屬於第一類，芬蘭鐵路和芬蘭航空屬於第二類，養老金信息服務公司屬於第三類。挪威將國有企業分為執行特殊產業政策的國有企業、兼有商業化和其他特定目標的國有企業、商業化但總部必須在挪威的國有企業和完全商業化的國有企業四大類。機場、能源管理公司、國家電網、林業集團等被劃分為第一類企業；郵政、國家鐵路、國家電力、鐵路服務公司被劃分為第二類企業；國家石油、挪威電信被劃分為第三類企業；北歐航空、國立搖滾樂博物館屬於第四類企業。

3. 按法律地位及持股比重分類，以英國、美國和韓國為代表

英國將國有企業劃分為政府直接管理的國有企業、具有獨立法人地位的國有企業、公私合營的國有股份公司三大類，各類企業的地位和政府持股比例均有不同，地理信息公司屬於第一類，皇家郵政屬於第二類，濃縮和核電技術服務公司屬於第三類。

(二) 國有企業的管理

在國有企業的發展進程中，各國通過不斷的改革，形成了各具特色的管理體制。

1. 美國

美國的國有企業在國民經濟中的占比非常低，其經營範圍僅限於少數行業和領域，目前主要集中在基礎設施、公用事業和科學技術研究等領域。美國將國有企業分為完全由政府所有的公司和公私合營的公司兩種類型，並規定了不同的管理原則。美國非常重視市場機制的作用，提倡經濟自由化，對國有企業主要採取承包經營的方式，國家一般不直接經營國有企業。在美國，國有企業的主管部門是財政部。政府對國有企業的管理以股權管理為主，一般會向董事會選派董事。對完全由政府所有的公司，每年要進行年度審計。對公私合營公司，要定期進行商業性審計。

2. 英國

國有股東事務管理局是英國管理國有企業的機構，於 2003 年成立，先

前隸屬於英國內政部，2009年成為英國商務、創新與技能部（簡稱商務部）轄下部門。該機構是跨部門的國有資產管理部門，是英國政府管理國有資產的代理人。在國有企業重大決策方面，國有股東管理事務局會參與其中。

3. 法國

在西方發達資本主義國家中，法國是國有化程度最高的國家。目前，法國政府擁有52家公司股份，其中有23家是國有全資企業，包括法國國營鐵路公司、法國郵政以及一些港口和機場等。

法國的國有企業管理模式較好地體現了有權力但無利益、有參與而不干預的精神，國家所有權機構僅是一個股東代表，規範行使股東權利。2003年，法國在財政部之下設有國家參股局，負責管理國家所有的投資。法國國家參股局的主要職責是使其管理的企業更加符合市場標準，為國家股份創造長期的價值，最大化國有資產的組合價值，將政府的所有權改革與國家的經濟、產業與社會發展相協調，制定清晰且長期的產業政策，指導國有企業的資本運作，如上市、出售和併購等，務實推動國有實體的結構化改革。在公司治理方面，對人力資本給予特別關注，在董事會中派出代表，在國有企業發展戰略、薪酬、審計等方面進行審查，國有股董事不在企業中領取任何報酬。

法國對國有企業實行分類管理，很多國有企業都有單獨法律對其業務邊界和國有股最低比重等加以明確。法國國有企業主要分佈在具有戰略意義的領域，如國防、媒體、能源、交通、基礎設施等。具體管理分為交通、基礎設施與媒體處，能源處，電信、航空與國防處三個行業處室。

4. 新加坡

新加坡國有企業的典型代表為淡馬錫及其下屬公司，淡馬錫是財政部全資持有的資產管理公司，負責管理政府擁有的一些資產和儲備，主要側重於股權投資，屬於新加坡政府的投資管理平臺。

新加坡政府對國有企業的監督體現在對淡馬錫這類公司的監督上，公司要定期向財政部報送財務報表，以便財政部及時瞭解其經營和薪酬狀況。公司的董事會成員中有幾人是政府公務員，他們代表政府來監督企業，為保證監督的公正，其工資由政府支付。為調動積極性，政府還會根據公司的經營狀況對委派董事進行獎懲。

第三章　國有企業改革的國際經驗借鑑

(三) 國有企業高管的薪水

國有企業高管薪酬一直是世界各國公眾關注的焦點。現實中，國有企業高管的薪酬並非一成不變，經常處於調整之中。如何在政府干預與市場定價之間把握好分寸，成為各國政府面臨的一大難題。薪酬過高容易引發社會爭議，過低則難以吸納優秀人才。儘管各國國情不同，讓國有企業高管的薪酬更加透明化、公開化、合理化已成為一種國際化的共識。

1. 法國

近年來法國的經濟提振乏力，人們對國有企業高管的高工資頗為不滿。2000—2010年，法國國有企業首席執行官的平均工資每年增長了15%。與此同時，法國普通雇員的工資漲幅僅為2%～3%。

2012年5月，奧朗德當選總統後，出抬了一系列「均富」政策，其中一項就是對國有企業高管的薪酬「蓋帽封頂」，要求所有國家占多數股份的企業將強行實施限制工資的政策。

從正式公布的「薪酬框架管理」政策來看，國有企業高管的工資最高不得超過年薪45萬歐元。該法令適用於由法國政府控股的企業，比如法國電力公司、法國國營鐵路公司、法國郵政、法國核工業公司等。對政府參股的企業，盡量按照此規定辦理，但由於國家股份占少數，因此最終由企業董事會做出決定。此外，外聘的職業經理人收入不在此項法律規定之內。

這一政策出抬後，許多大型國有企業領導人收入銳減。以法國電力集團董事長為例，2011年其年薪高達156萬歐元，封頂之後收入一下子減少了2/3以上。而在同期，法國40家大型上市公司的首席執行官平均年薪為242萬歐元。

在法國，目前有關使用行政手段削減國有企業負責人薪酬的問題仍在激烈的討論中。《費加羅報》等一些媒體認為，使用行政手段限制高管薪酬會導致國有企業精英流失，此外還存在國有企業負責人薪水與其應當承擔的領導責任、法律責任不相符的問題。

2. 德國

德國聯邦級別的國有企業較少，全部國有企業在國民經濟中所占的比重不到10%。儘管如此，社會公眾對國有企業高管仍頗有微詞。多數民眾認為，國有企業高管的工資應控製在企業員工平均工資的10倍以內。

德國國有企業高管的收入與公司規模有關，通常規模大的企業，其高

管收入高於規模小的企業。企業屬地也左右著高管收入，不同州的國有企業高管收入不盡相同，薩克森州的國有企業高管平均年收入最高，薩克森-安哈特州的國有企業高管平均收入最低。不僅如此，不同行業的收入也有差異，比如能源行業和水務行業收入較高，而社會經濟行業則收入較低。此外，國有企業面臨的市場競爭越激烈，其國有企業高管的收入就越高。

儘管德國國有企業高管的收入受業績影響程度要低於私營企業，但國有企業高管收入與企業的業績掛勾已成為一種趨勢。值得注意的是，衡量國有企業高管業績的標準不僅僅限於企業短期的收入業績，企業的可持續發展、生態等都成為衡量國有企業高管業績的考核項目。

近年來，德國各州的議會紛紛要求國有企業高管「曬」工資。2012年，一直較為保守的漢堡頒布新條例，規定國有企業高管必須在年終總結中公布收入。2013年，漢堡首次公開了50位國有企業高管的收入，並進行排序。

2014年3月，德國人力資源諮詢公司基恩鮑姆公布的調查報告顯示，德國的國有企業高管收入遠低於私營企業高管。該報告對1 055家德國國有企業的2 266位高管進行了調查，其中，21%的高管年薪低於10萬歐元，62%的高管年薪介於10萬~30萬歐元之間，17%的高管年薪在30萬歐元以上。同期，私營企業高管的平均收入是國有企業高管的兩倍。

3. 新加坡

新加坡國有企業的營運通常由職業經理人來管理，他們的薪酬按私營部門雇員對待。

淡馬錫管理層的薪酬與長遠和持續的績效掛勾。2004年，淡馬錫推出一整套薪酬制度，公司員工的薪酬分為基本工資、福利、績效指標獎金和財富增值獎勵計劃4部分。其中，財富增值獎勵計劃中的獎金有一半是即期發放，另一半會延遲3~12年發放，主要取決於公司未來的業績。

由於政企劃分很清晰，新加坡國有企業在待遇上跟私營企業基本上無差別。在新加坡的「淡聯企業」中，根據上市公司發布的年報，2013年薪酬最高的是星展銀行的行政總裁高博德，其薪酬總值高達920萬新元(1新加坡元約合4.9元人民幣)。

總體來看，國外國有企業高管薪酬普遍遠低於同行業水準，國有企業內部的工資差距也遠低於同行業私營企業。在許多國家看來，國有企業高管的工資雖然要體現市場激勵機制的作用，但國有企業因先天佔有行政性

壟斷優勢，所以國有企業高管的經營壓力遠不如私營企業，沒有理由給他們高工資。

（四）國有企業的職業經理人

職業經理人最早起源於西方，至今已走過了100多年的歷程。1841年10月，美國馬薩諸塞州鐵路上發生客車相撞事故，引發公眾對鐵路企業管理能力的質疑，州議會通過法案推動鐵路企業業主選擇專業人士來管理企業，喬·W.惠斯勒為鐵路企業設計了精細的管理組織架構，由此成為世界上第一位職業經理人。此後，隨著企業規模不斷擴大，資本結構日益複雜化，管理越發專業化、精細化，美國企業陸續完成了從業主經營企業向聘用經理經營企業的轉換，企業所有者與經營者發生了分離，出現了所謂的「經理革命」，專門以管理為職業的經理階層逐漸形成。隨著公司制度的完善，職業經理人的社會評價機構與職業經理人市場不斷健全，推動了職業經理人階層的形成與發展。現在，職業經理人制度已成為國際上通行的一種企業人事制度。

1. 美國

美國政府對國有企業的管理主要採取以董事會治理為核心的管控架構，政府對國有企業董事會的人選和董事長的選任有決定權。董事或董事長一般是國家公務人員，但經理層大多實行職業經理人制度，從職業經理人才市場中公開選聘職業經理人。

2. 德國

德國的國有企業分為兩大類：一類是按照公法組建的國有企業，如郵政和鐵路等，另一類是按照私法組建的國家控股及參股公司。德國國有企業的經理層以職業經理人為主，對經理人的激勵以聲譽和地位等精神激勵為主，並輔以較高的企業養老基金等福利待遇。

3. 法國

法國的國有企業按照工商業企業原則運作，國家在企業內以優勢股份或優勢表決權進行管理，具體經營則由職業經理人進行。在國有企業高管薪酬上，也按不同情況辦理。如果聘請的是職業經理人，其收入按照市場薪酬水平對待。

4. 新加坡

新加坡的國有企業以國有獨資的淡馬錫控股有限公司為代表。淡馬錫董事會成員和總裁（一般兼任執行董事）由財政部部長牽頭、政府各部部

長及相關專家組成的「董事提名委員會」提名，報總統批准。淡馬錫經理層負責公司的日常經營管理活動，面向全球招聘人才。淡馬錫不直接任命淡聯公司經營管理人員，而是由下屬公司面向國際市場招聘合適的職業經理人。

二、各國國有企業改革的主要做法和經驗

世界各國政府為擺脫財政負擔，提高國有企業經營效率，大多對國有企業進行了改革，採取了股份制、承包制和租賃制、拍賣出讓等方式。

（一）英國

英國是一個老牌資本主義國家。對英國國有企業的改革影響最大的是撒切爾夫人上臺之後執行的一系列政策。在1979年撒切爾上臺之前，英國經濟面臨著較為嚴重的問題，一方面經濟增長缺乏動力，另一方面面臨通貨膨脹。撒切爾夫人當選首相後，扭轉了這一現象，也開啓了長達數十年的國有企業私有化改造。從20世紀80年代末開始，一直持續到90年代初，逐漸影響到世界大多數國家，形成了所謂的「私有化浪潮」。

英國國有企業改革的經驗主要有：

一是有序推進私有化，按照先易後難的原則出售國有股，優先考慮在盈利的國有企業中實施改革。1979—1988年，英國石油公司、英國宇航公司和英國電信公司等效益較好的企業首先被私有化。效益不好、沒有盈利的公司則以私有化為目標進行內部管理整合，直到盈利後再被賣出。1989年以後，電力公司和自來水公司等壟斷行業的國有企業才陸續被出售。

二是制定完善的措施，防止國有資產流失。首先是法律法規的約束，在國有股出售之前，英國會在不同產業的主管政府部門外成立獨立於政府的私有化立法和政策制定委員會，由其聯合公眾的意見來制定相關的法律和法規，使私有化的進程在制度上有了保證，避免了人為的干預。其次是政府任命一些專業人士對國有資產進行評估，這些專業人士涵蓋了金融、財務、證券、管理和法律等各方面。這些專業人士提交相關報告，盡量爭取高價出售國有股。為防止國有資產流失，議會要求國家審計署對私有化前後都要進行審計，為此還專門設立了國有資產私有化績效審計司。在這種體制下，國有企業的私有化過程進展得比較順利。

由於政策可行，英國通過十多年的私有化改造，國有企業的經濟效益

普遍得到提高，其中英國最大的 40 家國有企業被改造後全部扭虧為盈，盈利出現了較大幅度的增長。與此同時，政府也甩掉了一些財政包袱，財政收支狀況明顯好轉。通過出售國有企業，政府直接獲得的總收入超過 600 億英鎊。被改造的國有企業職工收入也有較大增長，企業的經營管理機制也得到改善。另外，股份制改造得到了英國社會各階層的支持，社會公眾持股人數大增，由先前的 300 萬人上升到 1 000 萬人。

三是明確產權關係，提高企業工作效率，增加經濟效益。國有企業改革帶來產權關係的獨立化，強化了產權激勵與約束作用，克服了國有企業政企不分的弊端，形成了較為合理的所有權—控製權關係，還對壟斷部門國有企業的改革帶來了市場競爭環境的改善。

四是減輕政府的財政重負，提高國有企業的服務質量。改革減少了政府對於國有企業的財政補貼，而出售國有企業所得進一步增加了政府的收入，使政府的財政負擔大為減輕。實現了私有化的企業為在激烈的市場競爭中求得生存和發展，都把提高產品質量和服務質量作為贏得消費者的唯一出路。

五是改造的形式不拘一格，整體出售、內部收購、股票上市和國有民營等多種方式綜合使用，同時注重各種改革措施之間的相互配套和銜接。

六是保證改革的穩定性，實行了特別股權安排，並注重保護職工和分散的小額股東權益。特別股權安排使得政府保留一部分國有股權，防止了某些行業或私人企業惡意收購或兼併國有企業的不良做法，制約了企業的個別經理人利用私有化改造轉公為私，形成國有資產流失。在照顧職工和分散的小額股東權益方面，重點在於合理確定職工持股的比例。

（二）美國

20 世紀 80 年代，里根政府與撒切爾夫人同時推進私有化改革。美國國有企業改革的動因主要是節省政府開支、提高企業的工作效率和服務質量、增加企業靈活性、減少腐敗等。美國在國有企業改革中採取了各種各樣的改革措施，其共同點是盡量減少國有經濟的比重，將國有企業轉由私人部門所有或經營，改革的主要措施包括：

1. 大規模出售國有資產

美國的國有企業改革措施包括出售資產、立約承包、特許經營、放松管制等，其中，出售國有企業資產是所有權轉讓中最為主要、也最為徹底的私有化措施。美國在二戰後把軍工企業出售給私人壟斷企業，20 世紀 80

年代以來美國政府又相繼制定了出售全國鐵路客運系統、聯邦鐵路貨運公司、電力公司等私有化計劃。按照上述計劃，美國僅在 1988—1992 年，聯邦政府出售國有資產和削減各項補助金就達 250 億美元。

2. 放松市場管制

美國具有崇尚自由市場經濟的傳統，一向比較注重私人企業的發展。政府管制下的國有企業要和私人企業進行競爭，要想實現較好業績，政府就要放松市場管制，即政府轉讓職能，把屬於政府的職能轉讓給私人企業。美國重點取消了對國有通信業及公共汽車業的管制，以及對絕大部分有線電視和無線電廣播以及電子計算機的電訊服務方面的限制，允許私人企業進入原本由國有企業壟斷的行業和領域，以營造公平的競爭環境，促使國有企業轉換經營機制。

（三）日本

日本通過民營化改革，較好地解決了虧損國有企業的債務。

日本國有企業改革的主要內容有：

1. 所有制改革

所有制改革即產權關係的明晰化，是日本國有企業改革的核心內容。產權關係的改革表現在兩個方面：一是實施股份化，使原國有企業成為自由經營的大型股份公司；二是將國家擁有全部所有權的企業變為國家與民間共同擁有股權的國家公司。

2. 管理體制改革

管理體制變化是所有制關係變化的一種表現形式，其特點是政府不再參與企業的經營決策，只是通過特殊法規給予企業一定的約束。企業通過成立股東大會作為最高決策機構，在生產和經營方面基本上納入了民間企業的軌道。企業的主要負責人不再由內閣任免，而是改為由股東大會選舉產生，並報主管大臣批准。

3. 經營機制改革

企業經營機制變化主要體現在兩個方面：一是確定以市場為導向的市場競爭機制，國有企業在改為民營企業後，其經營機制上的最大特點是以市場為導向，充分引入市場競爭機制。二是進一步實行合理化和效率化經營，使經營機制更加靈活。

(四) 法國

在國有企業私有化改革方面，2005 年法國政府連續推出了國有企業私有化的重要舉措，先後出售了法國電信和法航的股權，並推動法國電力公司、巴黎機場、高速公路企業以及全球最大核電企業阿萊瓦集團的私有化進程。法國政府改革的主要目的在於拉動經濟增長、增加就業機會。2007 年薩科齊總統上臺後，同樣力推私有化計劃。

法國國有企業改革的主要經驗有：

1. 以契約化明確國家與企業的權責關係

以往國有企業在政府的指揮下，最大的弊病是目標與權責不明確，企業沒有自己的發展方向，也不必為經營結果承擔任何責任。法國政府採用契約制來解決此項問題，以契約方式明確政府與企業的權利和義務，以此實現政企分離，減少政府對企業日常經營的干預，充分發揮企業在契約範圍內的經營自主權。對於競爭型的國有企業，法國政府通常會在契約中給予很大的自由經營空間。

2. 推行市場自由化

將國有企業推向市場，盡量減少保護、補貼等優惠措施，允許兼併、合併、出租、出售和破產等市場行為。對於公共服務型的國有企業，也允許多家經營與競標承包等自由競爭行為。

3. 以黃金股保障政府對國有企業的控制

在股權多元化與私有化的進程中，國家股很多時候未在董事會中擁有過半數席次，為防止事關國計民生的企業做出不利於全民福利的決策或被少數財團所掌控，政府立法規定國家股董事擁有重要決策的否決權，這種俗稱黃金股的特權使國家可以較少的資本投入來影響企業的重大決策，使其與國家發展的目標相吻合。

(五) 德國

原聯邦德國的國有企業改革始於 20 世紀 50 年代末，其理論依據主要是來自當時的聯邦政府經濟部長艾哈德，他主張通過民營化來改造國有企業。艾哈德認為民營化可以改變政府與企業的關係，促進兩者分離，從而能夠使國有企業真正進入市場參與競爭。與此相適應，企業的管理體制發生變化，形成獨立於政府的經理層，並置於眾多股東的監督之下，由此可以在市場競爭中提高國有企業的經營效率，擴大企業的資本，增加社會的

就業。20世紀80年代，原聯邦德國加入世界性國有企業私有化改革的浪潮中。1987年，聯邦政府已出售所持有的大眾汽車公司、煤炭電力股份聯合公司和普魯士礦冶股份公司等主要國有企業的股份。通過實施民營化改革，提高了企業經營效率。

兩德統一後，德國政府為改造原民主德國地區的國有企業，成立了「託管局」，對其國有企業進行了以私有化為主要內容的大規模重組。從德國企業產權的重組來看，主要有以下幾個特點：

1. 立法先行

德國圍繞財產關係的界定和私有化這個核心，制定了一系列法律，包括財產法、產權界定法、託管局法、資產負債法、私有化法、投資優先法、合資企業法等。

2. 把吸引投資和保障就業放在重要位置

政府規定，購買企業或原所有者收回企業，必須要做到兩條，一是向企業投資，二是保障一定的就業，並且在合同上要明確具體的目標，如不能履約就要罰款。

3. 注重保護職工權益

《參與權法》規定，職工對企業經營事務有參與權，企業職工人數超過20人的要成立工會，企業從業人員超過2 000人、銷售收入超過5 000萬德國馬克的，企業監事會中必須有一半是企業職工代表。企業解雇10名以上工人時，須與工會共同制訂裁員計劃。

(六) 俄羅斯

俄羅斯聯邦成立後，繼承了蘇聯的大部分家產，包括很多國有企業。這些國有企業嚴重缺乏活力，再加上俄羅斯負擔著上萬億盧布的國內債務和1 200億美元的外債，迫切需要改革。其首任總統葉利欽認為，20世紀50年代以來的改革修修補補，斷送了蘇聯的前程。俄羅斯要重振大國雄風，就應該大刀闊斧，進行深度變革。此時，年僅35歲的蓋達爾炮制了一套激進的經濟改革方案，葉利欽破格將其提拔為政府總理。1992年，一場以休克式療法為模式的改革在俄羅斯聯邦全面鋪開。

休克療法的一個重要內容就是大規模推行私有化。蓋達爾政府認為，改革之所以危機重重，就是因為國有企業不是市場主體，市場競爭機制不起作用。國有企業改革最有效的辦法莫過於私有化，企業成了個人的就會按市場化運作。為加快推進私有化，政府最初採取無償贈送的辦法。經評

估，俄羅斯國有財產總值1.5萬億盧布，人口剛好是1.5億，以前財產是大家共同的，現在分到個人要人人有份。於是每個俄羅斯人都領到一張1萬盧布的私有化證券，憑證可以自由購股。由於拿到私有化證券的普通民眾沒有資金來收購更多的證券以獲得一家企業的經營權，轉讓證券便成了很多人的現實選擇。這樣一來，在大家紛紛拋售證券的情況下，一些有錢人便以極低的價格獲得一些企業的控製權，俄羅斯後來出現的寡頭成了此次私有化改革的最大受益者。

(七) 新加坡

新加坡政府通過國有私營的控股公司來充當發展和調控市場經濟的重要手段，其中，淡馬錫扮演了重要的角色。

新加坡淡馬錫控股有限公司成立於1974年，由政府100%控股，並授權其擁有和管理35家國有企業。歷經40多年的發展，淡馬錫培育了一批具有較強競爭力的企業，國有股東的權益也實現了數百倍的增長，從成立以來年化股東總回報率達到16%。

淡馬錫的公司治理以董事會為核心，政府對董事會充分授權。目前董事會擁有13名董事，除了CEO外，其他董事都是非執行獨立董事，均為各領域商界領袖，他們素質高、能力強、背景廣泛，具有豐富的商業經驗，從而使董事會能成為高效的決策中心和獨立的責任主體。董事會擁有充分的自主決策權，與經理層的職能界限也很清晰，不干預經理層的日常經營管理。

新加坡政府除了履行必要的股東職責外，並不參與淡馬錫任何商業決策與日常管理，除非關係到淡馬錫的過去儲備金（新加坡憲法規定，淡馬錫當屆政府內閣就職之前累積的儲備金即構成淡馬錫的過去儲備金）的保護。政府的權利主要包括對過去儲備金的保護權、董事和首席執行長的任命權、投資狀況知情權。淡馬錫將持股的公司統稱為投資組合公司，投資組合公司由各自的董事會和管理層指導和管理。淡馬錫不參與其業務的決策和營運，也不向投資組合公司派出董事代表，而是定期審視公司的狀況，並適時分享看法以供其參考。對於控股的公司，如果經營業績持續不理想，將行使股東權利以保證公司的利益；對於參股的企業，如果投資回報低就出售或減持。

淡馬錫的資本營運完全遵循商業化原則，強調資金成本意識，注重長期投資價值，注重風險管控，營運高度透明。淡馬錫資本營運的主要經驗

如下：

一是整合盤活存量資產，對接收的規模小、競爭力弱的企業，通過重組整合、整體出售、關閉清算和推動上市並逐步減持等方式清理退出。

二是持續優化投資組合。過去 10 年淡馬錫投資總額近 1 800 億新元，並出售了 1 100 億新元資產。

三是拓展培育新業務，設立企業發展部應對快速發展變化的外部環境，尋求具有回報潛能的商業機會。比如處於初創期、需要較長孕育期的項目，特別是有新的商業模式以及可能改變行業規則的企業。

第四章
完善國有資產管理體制研究

黨的十八屆三中全會指出，要以管資本為主加強國有資產監管，這對提高國有資產監管能力和水平提出了新的要求。

一、中國國有資產管理體制的市場化

（一）中國國有資產管理體制的重大變化

從新中國成立到改革開放前，中國實行計劃經濟，經營性國有資產被固定在國有企業中，缺乏流動性。政府對國有企業採取完全控製的計劃指令方式，國有企業按照政府的計劃指令進行生產建設。在這種體制下，國有資產更多的是作為國家經濟建設所必需的生產資料，而不是作為資本。國有資產按照企業的生產所需，統一分配到各個國有企業中，為企業的生產經營活動提供服務。

改革開放後，中國不斷探索，努力建立與社會主義市場經濟相適應的國有資產管理體制，推動國有經濟的發展。經過30多年的改革，中國對於國資管理的政策取向，正逐步從實物形態和具體事務開始轉向資本形態，即從管理資產和企業到管理資本。中國國有資產管理體制大致經歷了以下重大變化：

（1）2002年11月，中國共產黨第十六次全國代表大會在北京召開。大會報告提出，「國家要制定法律法規，建立中央政府和地方政府分別代表國家履行出資人職責，享有所有者權益，權利、義務和責任相統一，管資產和管人、管事相結合的國有資產管理體制」。

（2）2009年5月，中國正式實施《企業國有資產法》。該法制定了企業國有資產管理體制基本框架，明確了國資委在履行出資人職責中的主體地位，確立了企業國有資產出資人「管人、管事、管資產」的制度，規範了履行出資人職責機構與國家出資企業之間的法律關係，國資委從此集出資人與監管人雙重身分於一身。

（3）2013年11月，黨的十八屆三中全會在北京召開。全會提出：「完善國有資產管理體制，以管資本為主加強國有資產監管，改革國有資本授權經營體制，組建若干國有資本營運公司，支持有條件的國有企業改組為國有資本投資公司。」

（4）2015年9月，中共中央、國務院《關於深化國有企業改革的指導

第四章　完善國有資產管理體制研究

意見》明確提出，要完善國有資產管理體制，實現以管企業為主向管資本為主轉變。一是要以管資本為主推進國有資產監管機構職能轉變，二是要以管資本為主改革國有資本授權經營體制，三是要以管資本為主推動國有資本合理流動優化配置，四是以管資本為主推進經營性國有資產集中統一監管。

(二) 中國國資監管模式的現狀

目前，中國國有資產的主要監管機構為中央及地方各級國資委、財政部門等。從中央層面來看，國資委主管著非金融領域的國有企業，財政部主管著金融領域的國有企業，中央匯金投資有限責任公司代表國家持有金融企業股權，形成了「國資委—中央企業」和「財政部—匯金公司—金融企業」兩種模式。從地方層面來看，地方國有企業主要由地方國資委進行監管，形成了「地方國資委—地方國有企業」的兩級監管架構模式。

與匯金公司「管資本為主」不同，國資委模式更加強調「管人、管事、管資產」，通過管資產這一履行出資人職責的手段，實現對出資企業的重要人事安排和重大經營事項的有效監管。國資委不但是國有企業監督管理機構，還是國有企業出資人和所有者。

目前，國資委的監管理念正由「管資產和管人、管事相結合」向「管資本」轉變。

(三) 管資本的内涵

管資本是指改變經營性國有資產的實現形式，由管實物形態的國有企業，轉向管價值形態的國有資本。國有資本具有良好的流動性，可以進入市場進行資本運作。「管資本」要求建立以財務約束為主線的委託代理關係，改變目前很多基於行政性約束的做法。

管資本的目標是要推進國有資產監督管理機構的職能轉變，科學界定國有資產出資人的監管邊界，推進所有權和經營權相分離，不干預國有企業的經營自主權。

管資本的重點是管好國有資本佈局、規範資本運作、提高資本回報、維護資本安全，對不該管的要依法放權，將應由企業自主經營決策的事項歸位於企業，將延伸到子企業的管理事項上歸到一級企業，將配合承擔的公共管理職能歸位於相關的政府部門。

管資本的管理對象是國有投資公司和營運公司，並不延伸到它們投資

的混合所有制公司。對這兩類公司的管理,主要是以股東的身分行使所有權,以確保所有權與經營權分離,政資分開。兩類公司上面對應的是國家所有權機構,下面面對的則是數量眾多的公司,包括上市公司等。兩類公司在政府和市場之間是一個「界面」,政企分開主要通過兩類公司的隔離來實現。

管資本意味著國有資產監督管理機構是所出資企業的股東,股東依法行使權利,履行出資人職責,管理所擁有的國有股權,與企業之間在法律上是平等的關係。這與管企業不同,管企業則意味著國有資產監督管理機構與所出資企業之間是上下級的行政關係。

(四) 當前國有資產監管存在的問題

1. 國資委直接持股容易政企不分

雖然《公司法》並不限制國資委作為公司股東直接持有股份,但國資委身兼出資人和監管人雙重身分,在一定程度上會導致政企不分。由於是政府機構,國資委作為上市公司的直接股東,它不能完全像一般性投資主體那樣在資本市場上進行自由運作,它對所持上市公司國有股權的運作要受到一些特殊的規制,其持有的股權資產無法通過擔保、抵押等市場化方式融資,容易造成資產沉澱和信用萎縮。此外,國資委是公法人而非民商法人,在法律主體定位上導致其民商事主體意識不足、民商事行為能力不夠。

2. 國資流動性不高

目前絕大多數國有企業集團公司未能實現整體上市,導致集團公司股權流動困難,國有企業集團資產固化,流動性缺乏。固化的國有資本加大了資源的跨行業整合難度,不利於國資戰略佈局的優化和調整。

3. 缺失收益共享機制

目前許多企業集團都擁有一些優質的二級企業或者上市公司,資產總體效益較好,但因沉澱在下屬企業,從而攤薄了集團公司上繳給出資人的紅利。此外,企業集團旗下的上市公司上繳利潤往往被混在企業集團的法人財產裡面,用於企業自身改革發展、歷史遺留問題處理等方面,難以發揮國資收益在更高層面集中力量辦大事的優勢。

4. 國有企業未能統一歸口管理

目前,中國的國有資產監管體系還未統一,有些地方還較為分散。比如,一般行業的國有企業由國資委主管,金融類企業由財政部履行國有資

第四章 完善國有資產管理體制研究

產監管職責,鐵路總公司由交通運輸部進行行業監管,等等。在一定時期,這種體制發揮了它應有的作用。但隨著改革的深入,由於各部門的認識和要求不同,政策配套也有差異,導致國資改革缺乏統一協調性,造成了國資改革在各個行業中呈現不平衡狀態,國資管理體系需要進一步理順。

(五) 推進國資監管的市場化舉措

當前,中國的國有企業政企分開、政資分開還不完全到位,國有資產監管工作還存在越位、缺位和錯位現象,監管方式還存在一定的行政化色彩。新一輪改革客觀上要求國資監管機構主動調整監管職能和方式,以管資本為主實現對國有資產的有效監管。實行管資本為主,國有資產監管機構要加快職能轉變。政府要從管企業中抽出身來,轉為管資本,這樣才能真正以股東的身分行使股權,才能更加專注於國有資產投資回報率的提升,實現股權在國有企業之間的重新配置。要準確把握依法履行出資人職責的定位,科學界定國有資產出資人監管的邊界。

1. 明晰國資監管機構的職能定位

強化國資國有企業改革,就要使國資管理部門逐步從企業具體經營事務中解脫出來,專注資產營運,切實發揮戰略投資的功能。針對目前國資委對國有企業既是監管者又是所有者的問題,要進一步明確國資委的主要職責是管資本,而不再是管人、管事、管資產。對國有企業經營、分配、人事等權限應當下放給企業,由企業按市場化要求運作。

2. 建立規範的委託代理關係

從出資人角度來看,國資委可與代理者建立規範的委託代理關係,清晰地劃定出資人的權利邊界。政府可授權各級國有資本投資營運公司作為出資人代表,履行出資人的職責,國資委主要負責監管,從而厘清國資委與企業之間的委託代理關係。未來的出資人權利將從國資委分離出來,由獨立的國有資本投資營運公司來直接行使。

3. 推進經營性國有資產集中統一監管

逐步將黨政機關和事業單位所屬企業的國有資本納入經營性國有資產集中統一監管體系,有條件進入國有資本投資、營運公司的,授權國有資本投資、營運公司進行管理。除了政府授權履行出資人職責的國有資產監管機構外,黨政機關和事業單位應不得再出資新設國有企業。各地應加強國有資產監管隊伍建設,做好本級經營性國有資產集中統一監管工作,切

實完成國有資產保值增值任務。

4. 增強國有資產監管的針對性和有效性

要準確界定不同國有企業的功能，積極探索和完善中央企業分類考核辦法。在準確界定不同國有企業功能的基礎上，對企業的不同業務性質進行區分，以完善分類考核政策。對中央企業，可按業務分為政策性和經營性企業，並依此實施分類考核。針對不同類型的企業以及不同發展階段，分類考核還應在確保國有資本保值增值的前提下，設置不同的發展目標。分類考核應遠近結合、分步推進、分類實施。

5. 堅持政企分開、政資分開

國有資產監管機構作為政府特設機構，根據授權代表本級人民政府對監管企業履行出資人職責，專注國有資產監管，不干預企業的日常經營活動。國有企業享有獨立的法人財產權，依法自主經營、自負盈虧。

6. 構建三層次國資監管模式

借鑑全球國資管理的主流模式，構建「國資委—國資投資營運公司—經營性國有企業」的三層次國資監管模式（圖 4-1），實現資企分開，取代現有的「國資委—經營性國有企業」的二層次監管模式，改變國資委既管資產又管經營的亂象。實行三層次監管模式後，國資委對投資經營公司的監管將主要集中在資本增值、幹部任命、監管、考核等方面，不會過多干預具體經營業務。

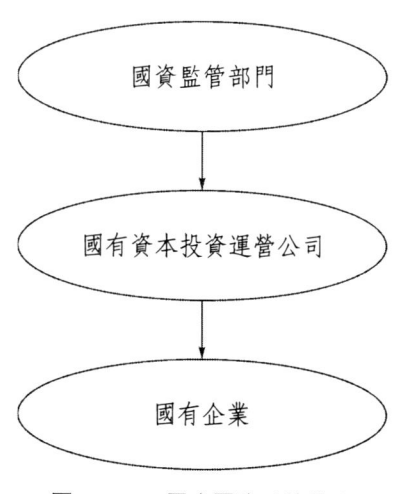

```
┌─────────────────┐
│   國資監管部門   │
└────────┬────────┘
         ↓
┌─────────────────┐
│ 國有資本投資運營公司 │
└────────┬────────┘
         ↓
┌─────────────────┐
│     國有企業     │
└─────────────────┘
```

圖 4-1　三層次國資監管模式

與原國有資產管理體制相比,三層次監管模式具有諸多優勢:

(1) 三層次監管模式可以改變國資委身兼數職的現狀,消除國資委職責間的矛盾,使其能更好地發揮監管職能。三層次監管模式實現了政資分離,促進了政企分開,國資委保留規則制定權以及監管權兩項職能,國有資本投資營運公司則負責履行出資人的職能。通過分解國資委的職能,可以較好地解決其利益衝突,提高國有資產監管效率。

(2) 三層次監管模式更加市場化,有利於增強國有企業的競爭力。設立國有資本投資營運公司,有助於理順國資委與國有企業間的關係,推進國有企業建立現代企業制度,減少國資委對國有企業日常經營的干預,使企業擁有更多的自主權,從而有利於增強國有企業的活力和盈利能力。

7. 組建國有資本投資營運公司

通過組建國有資本投資營運公司,實現國有資產管理體制從管資產到管資本的戰略轉變。國有資產監管機構對國有資本投資營運公司行使出資人權力,投資營運公司對所投資的企業行使出資人權利,形成國有資產監管機構—資本投資營運公司—國有投資控股企業三個層次的新的國有資產管理體制。國資委作為國有資產的最終出資人,享受國有資產增值分紅的權利,每年按一定比例收繳國有資本的收益,完全不干預國有企業的經營和運作。

8. 將延伸到子企業的管理事項歸位於一級企業

按照相關法規,股東行使權力僅限於直接出資企業,對企業層級以此類推,這是由產權關係所決定的。與股東管理不同,行政管理的對象是不分企業層級的,無論哪個層級的國有企業,政府機關都有權力監管。現實中,國有股東管理企業時,更習慣於行政管理思維,不分企業的層級,一竿子插到底,能管的事盡量管。針對國有股東越位的情況,改革應進一步規範其行為,使國有股東不插手二、三級企業的自主經營事項。

9. 優化國有資產配置

要促進國有資本優化配置,使國有資本更好地服務於國家發展戰略。要清理退出一批、重組整合一批、創新發展一批國有企業,使國有資本更多地投向關係國家安全、國民經濟命脈的重要行業和關鍵領域,重點提供公共服務、改善民生、發展戰略性新興產業、保護生態環境、支持科技進步、保障國家安全。

二、國有資本運作的市場化

組建國有資本投資營運公司是實現以管資本為主，完善國有資產管理的重要舉措。國有資本投資營運公司主要開展股權的營運，以實現國有資本保值增值為主要目標，並更加突出市場化的改革措施。

（一）組建國有資本投資營運公司的意義

從資本營運來看，構建國有資本投資和營運平臺，可以實現國有資本聚集，提升國有資本運作能力，放大國有資本功能。投資性平臺主要從事投資管理業務，做大做強國民經濟支柱產業，培養企業核心競爭力。同時，根據國家的戰略導向，積極投資新興產業，搶占未來發展制高點。國有資本營運平臺主要負責跨領域、跨行業的資產重組和資源整合，實現盤活存量、吸納增量，優化國有經濟佈局。國有資本投資營運公司通過開展投資融資、產業培育、資本整合等，推動產業轉型升級；通過股權運作和價值管理，實現國有資本的有序進退，促進國有資本的合理流動，實現國有資產的保值增值。

（二）國有資本投資營運公司的職能定位

國有資本投資營運公司是依照《公司法》設立的國有獨資金融公司，屬於國資委的出資企業，實行所有權與經營權分離。國有資本營運公司並不經營實體公司，主要是通過劃撥國有企業股權的方式，在資本市場上進行運作，如中央匯金公司等。國有資本投資公司則以投融資和建設項目為主，可投資實體，如「中國投資有限責任公司」等。

國有資本投資公司和營運公司都是按照《公司法》登記的民事主體，並承擔民事責任。兩類公司都是國家授權經營國有資本的公司制企業，都是國有資產的出資人代表，都是國有資本戰略和國有資本經營預算的實施載體，都將國有資本的保值增值作為目標。兩類公司持有國有企業的股權，代替國資委履行出資人的職責。

國有資本投資營運公司是國有資本的投資營運主體，不從事國有資本投資營運以外的其他經營活動。國有資本投資營運公司作為國有資本市場化運作的專業平臺，依法自主開展國有資本的運作，對所出資的企業履行

股東職責，按照責權對應原則負責國有資產保值增值。國有資產監管機構依法對國有資本投資營運公司履行出資人職責，並授權國有資本投資營運公司對授權範圍內的國有資本履行出資人職責。國有資本投資營運公司是獨立法人，擁有經營自主權，是真正意義上的市場主體。

國有資本投資營運公司借助資本市場的工具營運資本，沒有行政權和行業監管權。對於其出資的國有實體企業，通過股東大會和董事會行使股東權利，包括選舉董事、選聘總經理等，以及參與公司重大投資、併購、利潤分配等重要決策。國有資本投資營運公司的業務範圍既包括國有股權的管理，也包括股權的轉讓和買進。國有資本投資營運公司每年向出資人機構報告工作，按照章程規定將投資的分紅收益上繳財政，並接受第三方機構的審計和評估。

(三) 國有資本投資營運公司的特點

與一般商業性投資公司和行政化的出資人機構相比，國有資本投資營運公司在機構屬性、與政府的關係、分類、營運資產等方面有所不同。

(1) 從機構屬性來看，國有資本投資營運公司是市場化主體，受政府委託營運國有資本，不具有行政職能。

(2) 從與政府的關係來看，政府通過所有權與經營權相分離，以股東身分依法參與國有資本投資營運公司的治理和管理，並不再向該公司所投資的實體公司延伸管理，不與實體公司保留上下級的行政關係，切實把國有資本投資營運公司作為實現政企分開的隔離牆。

(3) 從分類來看，國有資本投資營運公司可分為商業類投資營運公司和政策類投資營運公司。商業類投資營運公司目標單一，主要追求資本收益。政策類投資營運公司以政策性目標為主，同時有嚴格的財務約束，可適當追求一定的投資收益。商業類投資營運公司注重長期價值，其業績評價綜合考慮投資組合價值的變化，而不是看單個項目的盈虧。

(4) 從營運資產來看，商業類國有資本投資營運公司營運的是競爭性領域的國有資本，這類資本對產業和企業沒有特殊的控製偏好，不承擔國家發展某類產業或控製某類企業的戰略責任，主要依據市場法則進行投資組合，並動態地從低回報資產中退出，尋找更高收益的投資機會。政策類國有資本投資營運公司負責營運戰略性和壟斷性領域的國有資產，包括公共服務、戰略性新興產業、生態保護、科技進步、國家安全等領域，其對

這些領域內公司的持股比例要服從國家產業戰略和政策目標要求。

(四) 推進國有資本投資營運的市場化舉措

1. 發揮宏觀調控職能

服務於調整國有資產佈局結構、轉變經濟發展方式等戰略需要，以經濟效益為中心兼顧社會效益，大力發揮資本配置功能，盤活國有資產存量，推進國有股權流動，為促進產業結構調整、服務經濟社會發展等發揮更大的作用，實現國有資本對國民經濟的影響力、帶動力和支撐力。

2. 優化國有資產佈局

對國有資產需要發揮引領、支撐、帶動作用的現代服務業和戰略性新興產業等行業，可擇機對目標企業股份進行戰略性增持，對其他資本進入更有效率的行業、不屬於重點發展和缺乏長遠資源支撐的產業、不屬於國家戰略或城市基礎實施、民生保障的領域，可擇機對所持有的國有股份進行戰略性減持。要加大不良資產處置力度，加快對效率低下、長期虧損、扭虧無望的企業的退出進度。

3. 對上市股權進行運作

上市股權是國有資本營運主體，資本營運公司通過對上市公司的國有股權進行市場化價值管理和運作，提高國有資本的流動性，提升營運效率和市場價值，發揮對國有資產進行配置和變現的作用，為經濟轉型和發展方式轉變提供有力支撐，實現國有資本同業整合和產業鏈協同與擴展。

4. 加大重組整合力度

充分發揮國有資本投資營運公司在重組整合中的作用，按照國家確定的國有資本佈局和結構優化目標，強化產業集聚和產業集群，減少重複投資，優化國有資源配置，提升企業核心競爭力，增強國有經濟的活力和影響力。

5. 大力發展股權投資基金

充分發揮國有資本投資營運公司在股權投資中的作用，支持國有資本與社會資本共同設立股權投資基金，參與國有企業改制上市、重組整合、境外併購、投資戰略性新興產業、高新技術產業、創新型和孵化期等高風險和高效益業務。通過發展股權投資基金來促進國有企業股權多元化，加快改制上市步伐，實現國有資本與集體資本、非公有資本等交叉持股、相互融合。

6. 完善出資企業法人治理結構

國有資本投資營運公司要建立健全出資企業的法人治理結構，合理安排董事會、監事會和經理層的人員結構，厘清董事長與總經理權利邊界。充分保障董事會行使權力，包括選聘總經理、決定薪酬、業績考核及重大經營決策權等。在新一輪國有企業改革中，無論是國資監管機構還是國有資本投資營運公司，都應當依法依規辦事，下放權力給企業。對國有資本投資營運公司持股的一級企業與其下屬企業之間的治理關係，也要加以規範，同樣定位為出資人與出資企業的關係，並按照《公司法》來履行出資人職責。每一級企業都應根據其股權配置情況，確定履行出資人職責的方式，按照法律法規進行職權的行使和約束。

第五章
國有資本佈局的市場化改革研究

優化國有資本佈局結構是提升國有經濟整體運行質量的重要途徑，也是發揮國有經濟主導作用和放大國有資本功能的必然要求。當前，中國經濟發展已經步入新常態，國有企業過去主要依靠要素投入的快速增長模式不可持續，憑藉高強度和大規模投資拉動的模式不可行，憑藉低水平競爭的粗放增長模式不可取，迫切需要優化國有資本佈局結構，推動國有企業轉型升級，增強國有經濟的活力、影響力和抗風險能力。

一、國有資本佈局改革的歷程

（一）從戰略上調整國有經濟佈局（1997年9月起）

1997年9月，中共第十五次全國代表大會在北京召開，首次明確提出要從戰略上調整國有經濟佈局。大會報告指出，「要從戰略上調整國有經濟佈局，對關係國民經濟命脈的重要行業和關鍵領域，國有經濟必須占支配地位，在其他領域，可以通過資產重組和結構調整，以加強重點，提高國有資產的整體質量」。

1999年9月，中國共產黨第十五屆中央委員會第四次全體會議在北京舉行。全會通過了《中共中央關於國有企業改革和發展若干重大問題的決定》，對「從戰略上調整國有經濟佈局」做了進一步說明。全會指出，「從戰略上調整國有經濟佈局，要同產業結構的優化升級和所有制結構的調整完善結合起來，堅持有進有退，有所為有所不為。國有經濟需要控製的行業和領域主要包括：涉及國家安全的行業，自然壟斷的行業，提供重要公共產品和服務的行業，以及支柱產業和高新技術產業中的重要骨幹企業」，「要統籌規劃，採取有效的政策措施，加快老工業基地和中西部地區國有經濟佈局的調整」。

（二）國有經濟佈局結構進一步調整（2003年3月起）

2003年3月，國務院國有資產監督管理委員會成立。十多年來，各級國有資產監管機構認真履行國有資產出資人職責，推動國有經濟佈局和結構戰略性調整，不斷發展壯大國有經濟，實現國有資產的保值增值。國資監管工作以國有資本調整和推進企業重組為主線，促進國有經濟佈局的結構調整，一批具有國際競爭力的大公司大企業集團得到發展，一批規模較

小和競爭力較弱的中央企業退出了國資委直接監管序列，一些中央企業與地方國有企業通過重組聯合實現了資源優化配置，國有經濟的控製力和影響力進一步增強。

（三）明確國有資本投資營運目標（2013年11月起）

2013年11月，中國共產黨第十八屆中央委員會第三次全體會議在北京召開。全會指出，要完善國有資產管理體制，以管資本為主來加強國有資產監管。國有資本投資營運要為國家戰略目標服務，更多地投向關係國家安全和國民經濟命脈的重要行業和關鍵領域，重點提供公共服務，發展重要前瞻性戰略性產業，保護生態環境，支持科技進步，保障國家安全。

（四）優化國有資本佈局結構（2015年9月起）

2015年9月，中共中央、國務院正式下發了《關於深化國有企業改革的指導意見》。該指導意見提出，要以管資本為主推動國有資本合理流動優化配置。要以市場為導向、以企業為主體，有進有退，有所為有所不為，優化國有資本佈局，增強國有經濟效率。圍繞服務國家發展戰略，落實國家產業政策和產業佈局要求，優化國有資本投資方向和領域，推動國有資本向關係國家安全、國民經濟命脈和國計民生的重要行業和關鍵領域集中，向重點基礎設施和前瞻性戰略性產業集中，向具有競爭力的優勢企業集中。發揮國有資本投資和營運公司的作用，重組整合、清理退出、創新發展一批國有企業。

二、國有資本佈局現狀

隨著國有資產管理體制改革的不斷深化，中國的國有企業日益發展壯大，國有資本運行效率逐漸提高，國有經濟佈局與結構調整取得積極進展。國有資本逐步流向大企業和大集團，並向重要行業和關鍵領域集中，湧現出一批具有國際競爭力的企業。

（一）工業大多分佈在重化工業

目前，中國國有資本在工業中的分佈大多集中在重化工業。2015年，煤炭、石油、化工、冶金、電力等重化工行業資產的國有資產為252 388.31億元，占全部工業國有資產的63.5%；主營業務收入為

140 600.39 億元，占全部工業主營業務收入的 58.2%；利潤為 4 091.79 億元，占全部工業利潤總額的 35.8%（見表 5-1）。

表 5-1　　　　2015 年部分行業國有控股工業企業主要指標　　　　單位：億元

行　　　業	企業單位數（個）	資產總計	主營業務收入	利潤總額
全行業總計	19 273	397 403.65	241 668.91	11 416.72
其中				
煤炭開採和洗選業	937	39 799.95	13 886.40	−278.62
石油和天然氣開採業	83	19 431.46	6 619.31	475.69
石油加工、煉焦和核燃料加工業	221	12 705.92	20 570.45	290.51
化學原料和化學製品製造業	1 171	20 178.42	12 491.89	213.60
黑色金屬冶煉和壓延加工業	389	34 431.57	17 768.19	−868.49
有色金屬冶煉和壓延加工業	503	14 428.25	16 646.42	−74.23
電力、熱力生產和供應業	4 397	111 412.74	52 617.73	4 333.33

數據來源：《2016 年中國統計年鑒》。

　　與此同時，國有資本對戰略性新興產業投資較少。根據《中國戰略性新興產業發展報告（2015）》，截至 2014 年上半年，戰略性新興產業的上市公司中，民營企業所占的比重高達 63.5%，中央國有企業占比僅為 13.6%，地方國有企業占比僅為 13.2%。相比於民營資本，國有資本在節能環保、新一代信息技術、生物、高端裝備製造、新能源、新材料和新能源汽車等戰略性新興產業投資不多。

（二）固定資產投資主要集中在房地產、交通運輸業、公共設施管理業等領域

　　近年來，中國的國有資本過多地進入了房地產等競爭性行業，投入實體經濟的資金減少。此外，國有資本對科技、教育、衛生、文化、社會保障等領域投入明顯不足。2015 年，中國國有控股企業固定資產投資中，房地產業為 30 734.8 億元，占比 17%；交通運輸業為 36 114.5 億元，占比 20%；公共設施管理業為 33 475.8 億元，占比 19%；電力、熱力、燃氣及水為 16 518.8 億元，占比 9%；製造業為 13 799.4 億元，占比 8%；採礦業

為 5 805.3 億元，占比 3%；信息傳輸、軟件和信息技術服務業為 2 645.1 億元，占比 1%；科學研究和技術服務業為 1 469.3 億元，占比 0.8%；教育為 5 569.7 億元，占比 3%；衛生為 2 632.1 億元，占比 1%；公共管理、社會保障和社會組織為 5 710.6 億元，占比 3%（見圖 5-1）。

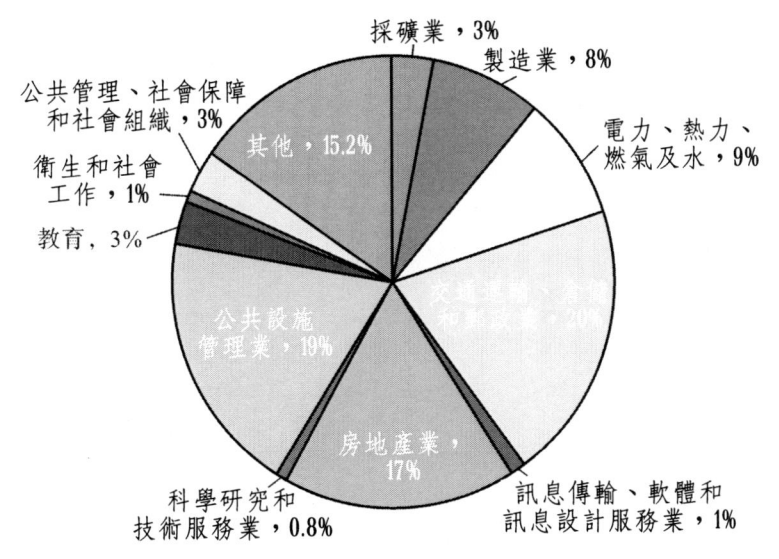

圖 5-1　2015 年國有控股企業分行業固定資產投資比例

數據來源：國家統計局。

（三）國有資本調整力度加大

近年來，中央和地方加快重組整合，推進國有資本向重要行業和關鍵領域集中，向優勢企業和主業集中，國有資產的質量和效益得到提升。通過兼併重組，國有企業完善了產業鏈，培育了一批在國際上具有競爭力和影響力的大企業大集團。2003 年，中央企業只有 6 戶進入世界 500 強。2015 年，根據《財富》雜誌發布的最新世界 500 強企業排行榜，中國上榜公司的數量繼續增加，達到了 106 家（含香港地區 5 家、臺灣地區 7 家），其中國資委監管的中央企業達到 47 家。在世界 500 強企業排名中，中國石化位居第二。2015 年，國資委加大了兼併重組力度，完成了 6 對 12 戶中央企業的重組，2016 年國資委繼續推動了 5 對 10 戶中央企業的重組工作。截至 2016 年年底，中央企業的戶數已大幅減少，從國資委成立初的 196 戶調整至目前的 102 戶。經過重組整合，包括五礦、中化、中糧、國機、國

藥、通用等在內的一批中央企業實現了轉型升級，提升了企業發展的質量，另外一些陷入困境的國有企業則通過重組整合獲得了新生，煥發了活力。

（四）國有企業產權結構發生顯著變化

通過公司制改造，國有企業的產權結構發生顯著變化。2016年年底，全國國有企業改制面已超過80%，中央企業的子企業公司制改制面超過92%，混合所有制企業戶數占比高達68%。董事會建設工作得到進一步深化，建有規範董事會的中央企業數量達87家，寶鋼、中國節能、中國建材、國藥集團、新興際華集團5家企業還開展了董事會選聘高級管理人員的試點，通過市場化方式選聘了1名總經理和13名副總經理。在國有企業的股份制改造方面，境內外上市成為重要途徑。2015年，在滬深兩市中央企業控股上市公司有286戶，占上市公司總數的10%，在總市值中占20%。企業產權結構的變化，有力地提升了國有企業的活力和競爭力。

（五）國有資本在具有壟斷地位的行業中保持較高控製力

目前，由於行政壟斷，中國在石油天然氣開採、菸草製品、石油加工、供電供水等工業領域以及電信、民航、鐵路、港口等服務業領域，國有資本仍保持著較高的控製力。國資委的數據顯示，2014年中央企業實現營業收入25.1萬億元。其中，中石化、中石油、中海油「三桶油」營業收入高達5.36萬億元，占中央企業收入的比例超過20%。在石油天然氣開採領域，1999年國有企業占行業收入的比重為99.8%，到2014年仍高達87.3%。雖然電力、石油、天然氣、鐵路、民航、電信、軍工七大行業改革已經啟動，但由於市場准入方面改革仍不到位，民營資本難以進入。

三、國有資本佈局存在的問題

當前，國有資本營運效率有待進一步提升，國有資本佈局仍然存在分佈過廣、戰線太長等突出問題。國有資本合理流動的機制還不夠健全，制約了國有資本功能的有效發揮。

（一）行業分佈過廣

由於過分強調保值增值，導致國有資本在調整中進多退少，國有資本

在競爭性領域佈局分散的格局沒有得到根本改變。許多國有資本配置偏離了「關係國民經濟命脈的重要行業和關鍵領域」這一功能定位，國有資本廣泛分佈在市場化程度比較高的加工工業和一般競爭性服務行業，行業分佈面過寬、過散的特徵十分明顯，難以體現「戰略性」。在工業行業分類的41個大類中，國有資本都有不同程度的分佈，一些行業還存在著嚴重的產能過剩。從全國來看，相當一部分國有企業處於非重要行業和關鍵領域，在價值鏈的末端，規模較小，實力不強，技術創新能力不足，企業核心主業不突出，對行業的影響力有限。

(二) 壟斷現象依然嚴重

經過多年的國有經濟佈局調整，電力、石油、石化、電信、鐵路、軍工、金融等行業進行了一定程度的改進，但壟斷現象依然嚴重。這些行業憑藉壟斷地位，獲取超額利潤，其管理層及員工的薪酬與普通行業的薪酬相比明顯偏高。這些行業競爭不足，營運效率較低，服務質量有待提高，服務價格還有下降空間。由於市場准入的限制，民營資本進入受到阻礙，民營經濟發展受到影響，迫切需要國有資本在一些環節退出。

(三) 公共服務領域投入不足

公共服務不僅包括保障基本民生需求的教育、就業、社會保障、醫療、衛生、住房保障、文化、體育等領域的公共服務，還包括交通、通信、公用設施、環境保護等與人民生活息息相關的公共服務，以及保障安全的公共安全、消費安全和國防安全等領域的公共服務，涵蓋多個領域。

長期以來，由於中國的國有經濟重經濟建設、輕公共服務，使得中國在衛生、科技、教育等一些本應由國有經濟和國有資本充分發揮作用的領域，國有資本出現投入嚴重不足的情況。儘管公共服務對於整個國民經濟發展具有重要意義，並應由國有經濟充分發揮主導作用，但現實中中國國有資本對公共服務領域的投資較少。當前，在中國的國有資本總額中，信息技術服務、衛生體育福利、教育文化廣播和科學技術等公共服務行業在國有資產中的比例較低，遠低於煤炭、石化、冶金、機械、化學工業等單一工業行業在國有資產的比例，也不及商貿業、住宿、餐飲業等傳統服務業。

四、推進國有資本合理佈局的市場化舉措

優化國有資本的佈局結構，要以市場為導向、以企業為主體，做到有進有退、有所為有所不為，增強國有經濟整體效率。通過國有資本佈局調整，使國有資本向公益性領域迴歸，向體現國家意志的基礎性、戰略性、前瞻性產業和領域集中。

（一）明確國有資本集中的重點方向

緊緊圍繞服務於國家戰略，落實國家產業政策和產業佈局調整總體要求，優化國有資本投資方向和領域，推動國有資本向關係國家安全、國民經濟命脈和國計民生的重要行業和關鍵領域、重大基礎設施集中，向戰略性新興產業和現代服務業集中，向民生保障領域集中，向具備核心競爭力的優勢企業集中。要主動融入國家「一帶一路」戰略，加快推進「中國製造2025」，支持優勢產業對外合作。基礎設施領域重點發展鐵路、航空、水運、公路等交通產業，戰略性新興產業要重點發展新能源、新材料、生物製藥、新一代信息技術、節能環保和裝備製造等產業，集中資金投向應用研發環節、產業鏈關鍵環節和價值鏈高端環節，掌控核心技術。現代服務業要大力發展金融、物流、文化、電子商務、旅遊、健康養老等產業。

（二）合理降低國有經濟在國民經濟中的比例

在強調國有資本集中的同時，合理降低國有經濟在國民經濟中的比例。一方面，推動國有資本向關係國家安全和國民經濟命脈的重要行業和關鍵領域集中；另一方面，有計劃地安排國有資本從一般競爭性產業和非行業骨幹企業退出，做到國有資本佈局「少而精」。要建立有序的進入和退出機制，對應該退出的行業，要加快退出進度，加大退出力度，實現國有資本的動態調整機制。對一般競爭性行業，包括紡織、輕工、商貿、房地產等，應促進國有經濟逐步降低比例，逐漸減少競爭性行業的國有企業數量。大型國有企業可轉讓股權，降低控股度，中小型國有企業可轉讓股權，全部退出。對某些特大型壟斷企業的產權改革難以一步到位的，可以考慮進行分拆或重組。

（三）提高資本投資營運水平

1. 健全國有資本形態轉換機制

支持國有企業依法通過證券交易、產權交易等資本市場，以市場公允價格處置資產，將變現的國有資本用於更加需要的領域和行業。支持國有企業開展跨國經營，鼓勵國有企業與其他所有制企業以資本為紐帶，強強聯合，優勢互補，加快打造一批具有國際一流水平的跨國公司。

2. 健全國有資本佈局結構調整機制

制定產業政策和國有資本收益分配管理規則，建立健全國有資本投資機制，引導國有資本優化投資方向和領域。推進經營性國有資產集中監管，逐步將黨政機關、事業單位所屬企業的國有資本納入經營性國有資產集中統一監管體系，為擴大國有資本配置範圍創造條件。加強國有資產管理，嚴格制度規範，為國有資本佈局結構調整提供支撐。

3. 促進國有資本合理流動

國有資產要有序流動，在流動中實現增值，在流動中實現結構優化。對競爭性領域的國有企業應加快改制成混合所有制企業，以增強國有資本的流動性。證券化是加快國有資產流動的重要條件，應推進國有企業整體上市，對已經上市的國有企業，可以通過增發等方式和民營企業、外資企業交換股份。支持企業通過證券交易、產權交易等方式進入資本市場，以市場公允價格處置資產，實現國有資本的形態轉換。加強上市公司的市值管理，國資在二級市場上可以有進有退，對於戰略性的、前景好的行業可以增持，對競爭激烈、發展受限的傳統行業可以減持。

4. 加強國有資本管理

實施分類管理，對競爭性行業的國有企業，根據行業特點和經營狀況，可以適當的方式減持國有股本，推動企業走上多元化的經營之路，讓國有資本在流動中獲得保值增值。國有資本要引導國有企業在相關產業有序進退，使在競爭性領域處於劣勢的國有企業有序地退出，形成資本能進能出的自我動態調整機制，從根本上消除國有企業「僵屍企業」的存在，從整體上實現股東資本回報率的不斷提升。實踐中，管理國有資本有多種方式，通過國有資本營運公司分級統一管理國有上市公司股權，是最有效的一種方式。國有資本營運公司可以跳出企業集團和產業甚至區域的利益之爭，通過資本市場上的市值管理，從總體上調整國有資產的佈局，推進經濟結構調整，獲得國有資本營運收益。資本營運公司定位於財務投資型

公司，不直接參與上市公司的業務決策與管理。

（四）建立市場化退出機制

建立健全優勝劣汰的市場化退出機制，切實保障企業依法實行關閉或破產，加快處置低效和無效資產，堅決淘汰落後產能。對於嚴重虧損和資不抵債的企業，絕不能為了維穩，不惜代價用國有資本金或財政資金補虧，或變相重組進行救助，應切實保障企業依法關閉或破產，幫助這些企業平穩退出。對長期無實際業務的「僵屍企業」要堅決關停，加快完成處置工作。對於那些非關鍵領域、非重要行業，國有企業應逐步退出，適當收縮國有企業的戰線。

（五）加大重組整合力度

發揮國有資本投資營運公司的作用，重組整合一批國有企業。推動中央企業間的聯合重組，打造一批技術領先、知名品牌、引領產業升級的新興產業集團，形成有效競爭的產業結構。對同類資源進行優化配置，並實行專業化營運，以提升運行效率。鼓勵國有企業與非國有企業之間進行股權融合、戰略合作、資源整合，放大國有資本的功能，推動國有企業經營機制的轉換。利用產權交易市場，引入戰略投資者參與國有企業增資擴股。通過資源整合，在金融、旅遊、化工、鋼鐵、交通運輸、物流等行業打造一批大型企業集團。

（六）組建若干投資基金

建立國有股權流動機制，利用部分產業國資股權轉讓形成的資金組建若干投資公司和產業基金，通過產業投資基金來進行新增投資，更好地引導產業結構調整。通過各類基金投資對企業進行股份制改造來做大做強，包括電子信息產業基金、互聯網產業基金、文化產業基金、健康產業基金、教育產業基金等。

（七）破除壟斷

壟斷和寡頭政策會阻礙技術進步和服務效率的提升，還會形成價格壟斷，損害消費者利益。因此，應大力破除壟斷。對壟斷特性的產業，應區分壟斷的領域和可競爭的環節，並根據行業特點進行國有資本整體佈局。在此基礎上引入競爭機制，允許民間資本進入。要加快推進市場准入的公

第五章　國有資本佈局的市場化改革研究

平化，盡快消除顯性的或者隱性的市場壁壘，真正形成市場競爭。通過破除壟斷，給民營企業釋放更多的發展空間，提升服務質量和效率，增加公共福祉。

1. 石油

石油行業包含諸多環節，上游有勘探和開採環節，下游有煉化、管道、銷售等投資業務，此外還有眾多的工程技術服務業務，如物探、鑽井、管道建設、油田地面建設等。出於國家經濟安全戰略的考慮，勘探和開採環節可以具有行政壟斷性質，但在其他環節可引入民營資本。

2. 電力行業

電力的輸配電網具有自然壟斷特性，是電力行業的「產業制高點」，由國有資本壟斷控製是合理的。但電力行業的發電屬於可競爭的領域，可引入各種競爭主體，包括民營資本等。

3. 交通

鐵路行業的路軌網絡、航運的基礎設施等，具有自然壟斷特性，由國有資本壟斷控製是合理的。但鐵路的運輸、航空的運輸等屬於可競爭的領域，可以引入民營資本等各種競爭主體。

4. 通信

通信行業的網絡基礎設施具有自然壟斷特性，由國有資本壟斷控製是合理的。但寬帶、固定電話、移動電話等屬於可競爭的領域，可以引入民營資本進入，提高服務質量，降低服務價格。

5. 軍工

軍工行業屬於承擔國家安全的特殊行業，關係到國防的安全和國內社會秩序的安全。軍工行業直接服務於軍隊，保密程度要求較高，在一定程度上不宜引入非公有資本。但對不涉及核心機密的某些生產環節，可以通過外包的形式由民營企業生產。

6. 公共事業

在公共事業領域，可引入民間資本，但要完善相關的規章制度，並加強對價格、質量和服務滿意度等方面的監管工作。供水、供電、供氣、公共交通等公用事業領域，其產品和服務為公共物品。民眾要求它們提供的服務具有穩定性和可靠性，且不能完全按照市場均衡價格來定價，在保證成本的前提下只能賺取合理的利潤。要通過行業內的適度競爭，來提高公共服務的質量和效率。市政公用行業要增強特許經營的透明度和規範度，提高非公有制企業進入特許經營領域的可操作性。

(八) 提高公共服務能力和水平

國有資本與一般的社會資本不同，具有公共屬性，要把提高社會公眾的福祉作為主要的價值追求。提供公共產品和服務，大力保障和改善民生，是國有資本投資的重要方向和目標。對於一些投資週期長、收益低、社會資本不願介入的領域，如城市供暖、公共交通等公共服務，國有資本應勇挑大梁，履行社會責任。要以公益性為重點調整國有資本配置，使其擔負起國計民生的歷史責任；要不斷增加對公益類行業的投資，以改善中國公共服務產品不足的局面；要提高國有資本投資公益性領域的比重，並制定相關的約束性指標，使國有資本佈局更加合理。

(九) 充實社會保障資金

體現國有資產的全民屬性，將退出的國有資產部分用於補充社保資金。建立國有資本紅利分配長效機制，對競爭性國有企業的國有股權轉讓收入、年度紅利和其他經營性收益，除一部分用於投資外，剩餘的相當一部分用於充實社會保障基金。將以收入預算和支出預算為基本內容的國有資本經營預算表提交本級人民代表大會審查，人大嚴格監督預算執行情況，使國有資產服務於公共利益，並促進中國經濟發展方式的轉變。通過將更多的國有資本注入社保基金，逐步解決國有企業改制中積累的歷史欠帳和民生需求。

(十) 設立「黃金股」

在某些特殊的行業和企業，為保證政府話語權，可實施「黃金股」制度。「黃金股」的實質是使政府擁有一票否決權，通過公司章程實行。政府持有「黃金股」，可以避免企業朝著有損或者不利於國家整體利益和發展戰略的方向發展，有效防止企業一股獨大、惡意收購或接管，特別是消除外資收購本國重要戰略行業的企業的風險。此外，還能確保企業現有目標不發生重大改變，防止企業戰略資源或核心資產被出售，確保投資者遵守股權收購協議承諾。

第六章
混合所有制經濟發展研究

2015年9月，國務院《關於國有企業發展混合所有制經濟的意見》正式下發。作為中共中央、國務院《關於深化國有企業改革的指導意見》的配套文件，該意見為新時期國有企業發展混合所有制經濟指明了方向。大力發展混合所有制經濟，是深入貫徹落實黨的十八屆三中全會精神、深化中國國有企業改革的重要舉措。

一、發展混合所有制經濟的意義

（一）完善基本經濟制度

中國發展混合所有制經濟，有助於進一步完善社會主義基本經濟制度。中國實行以公有制為主體、多種所有制經濟共同發展的基本經濟制度，發展混合所有制經濟，能充分發揮各種所有制優勢，解放生產力，實現國有經濟與市場經濟的有機結合，培育和壯大社會主義市場經濟微觀主體，使具有中國特色的社會主義基本經濟制度更加完善和有效。

（二）發揮市場在資源配置中的決定性作用

發展混合所有制經濟，將使得各種所有制經濟在相互競爭的基礎上獲得更多的合作機會。民間資本可以借機進入傳統的國有經濟控制的領域，擴大自身的經營範圍。國有資本則可以更好地發揮戰略投資者的功能，推動公有制經濟在市場機制下做大做強。通過混合所有制改革，促進民營資本和國有資本的自由流動和組合，改變民營資本和國有資本各自為政的局面，較好地發揮市場在資源配置中的作用。

（三）放大國有資本功能

發展混合所有制經濟，能放大國有資本的功能，促進國有資本與非國有資本相互融合、共同發展，增強國有資本的控制力和影響力。國有資本引入民營資本參與項目建設，特別是吸收新的戰略投資者，能直接放大國有資本功能，緩解基礎設施和公共服務項目建設資金的不足。此外，混合所有制還能進一步改善國有產權的流動和重組，優化資源的配置，提高社會生產率。

（四）促進公司治理的改善

混合所有制經濟將民營資本的靈活機制帶入到企業治理中，多種經濟成分在企業內部共存。國有獨資公司轉變為國有控股或參股公司，有利於政企分開，減少政府對企業的干預，有利於轉換國有企業經營機制，構建有效制衡的董事會，有利於國有企業在決策、營運和管理等方面進行深層次的改革，使企業真正按照法人治理結構來管理企業，更好地融入市場經濟，提高國有資本活力。

（五）有利於破除壟斷

國有經濟發展到現在，很多領域尚未放開，一些利益集團往往以國家安全、國計民生等理由限制民營經濟的發展。電力、石油、天然氣、鐵路、民航、電信、金融、軍工等行業是國有資本相對集中的領域，這些領域的國有企業具有壟斷經營色彩。在這些領域開展混合所有制改革試點，引入非國有資本投資，有利於形成參與市場競爭的治理結構和運行機制，提高社會運轉效率和降低社會運轉成本。對非國有企業而言，混合所有制有助於打開民營資本和外國資本進入國有經濟的通道，參與基礎設施和公共事業等領域，以及進入特許經營領域，比如電力、電信、鐵路、民航、石油等行業。

（六）實現國有企業和民企互利共贏

混合所有制經濟以有限的國有資本吸納和帶動社會資本，是國有資本與民營資本合作的場所。國有企業的優勢在於管理、技術、研發、人才、資金、資源等方面，劣勢是體制機制僵化，沒有完全市場化，缺乏應有的活力。民營企業的優勢在於市場化程度很高，劣勢在於它在管理、技術、產品、研發、資金、資源等方面還相對薄弱。通過發展混合所有制經濟，民營企業和國有企業可以優勢互補。國有企業通過發展混合所有制經濟，促進了轉型升級，實現了國有資本的保值增值；民營企業在與國有企業合作的過程中，也能獲得公平競爭和加強合作的好處。最終，國有資本與民營資本相互融合實現了共贏。

（七）推動過剩行業的供給側改革

混合所有制通過聯合重組等方式，讓各類所有制主體都變成股東。在

進行了大規模的重組後,行業的集中度得以提高,從而市場的佔有率也得以提高。混合所有制把國有企業、民營企業、外資企業、自然人等聯合起來,把產業集中起來,有利於更好地適應市場,提供有效需求,化解過剩產能,推動供給側改革。

(八) 有利於走出去

大多數國際競爭法則是按照完全的市場化來設計的,如果由國有獨資企業或國有多元化企業參與國際上的招投標,國外會認為是國家在參與競爭,因而很難爭取到項目。實行混合所有制能較好地規避這些問題,混合所有制企業不會被其他國家所限制,有利於中國參與國際競爭。對中央企業集團參與投標,可由下面的混合所有制企業來完成。

(九) 有利於減少高管腐敗

混合所有制把外資企業和民營企業的監管機制帶到混合所有制企業中,能對高管形成監督,減少和預防腐敗。此外,混合所有制企業由於有不同的所有制主體,在內部能形成有效制衡,對國有股東行使權力構成約束和限制。混合所有制企業的重大決策要通過董事會和股東大會審議,能有效防止「一言堂」現象。上市公司公布重大事項和年報,增強了信息的透明度。

二、混合所有制經濟發展歷程

改革開放以來,中國在公有制和社會主義基本經濟制度實現形式方面進行了有益的探索,對混合所有制經濟的認識不斷深化。

(一) 黨的十五大

1997年9月,中國共產黨第十五次全國代表大會在北京召開。大會報告指出,公有制經濟不僅包括國有和集體經濟,而且還包括混合所有制經濟中的國有成分和集體成分。公有制實現形式可以多樣化,股份製作為現代企業的一種資本組織形式,有利於所有權與經營權分離,提高企業和資本的運作效率,不只是資本主義可以用,社會主義同樣也可以用。對城鄉大量出現的多種多樣的股份合作制經濟,要給予支持和引導。

第六章　混合所有制經濟發展研究

(二) 黨的十五屆四中全會

1999 年，中國共產黨十五屆四中全會在北京舉行。全會指出，要積極探索公有制的多種有效實現形式。國有大中型企業尤其是優勢企業宜於實行股份制的，要通過規範上市、中外合資以及企業互相參股等形式，改造為股份制企業。要大力發展混合所有制經濟，重要的企業要由國家控股。

(三) 黨的十六大

2002 年 11 月，中國共產黨第十六次全國代表大會在北京舉行。大會報告指出，要進一步探索公有制的多種有效實現形式，大力推進企業的體制創新、技術創新和管理創新。除極少數須由國家獨資經營的企業外，其餘的要積極推行股份制，大力發展混合所有制經濟。要實行投資主體多元化，重要的企業要由國家控股。

(四) 黨的十六屆三中全會

2003 年 10 月，中國共產黨第十六屆中央委員會第三次全體會議在北京召開。全會指出，要順應經濟市場化不斷發展的趨勢，進一步增強公有制經濟活力，大力發展國有資本、集體資本和非公有資本等參股的混合所有制經濟，實行投資主體多元化，使股份制成為公有制的主要實現形式。要建立歸屬清晰、權責明確、保護嚴格、流轉順暢的現代產權制度，使之有利於各類資本的流動和重組，推動混合所有制經濟的發展。

(五) 黨的十七大

2007 年 10 月，中國共產黨第十七次全國代表大會在北京召開。大會報告指出，要堅持和完善公有制為主體、多種所有制經濟共同發展的基本經濟制度。要深化國有企業公司制股份制改革，提升國有經濟活力、控製力和影響力。深化壟斷行業的改革，引入市場競爭機制，並加強政府和社會監督。在現代產權制度的基礎上，發展混合所有制經濟。

(六) 黨的十八屆三中全會

2013 年 11 月，中國共產黨第十八屆中央委員會第三次全體會議在北京召開。全會指出，國有資本、集體資本和非公有資本等交叉持股、相互融合的混合所有制經濟，是中國基本經濟制度的重要實現形式，有利於國

有資本放大功能、實現保值增值、提高企業競爭力，有利於各種所有制資本取長補短、相互促進和共同發展，要積極發展混合所有制經濟。要允許更多國有經濟和其他所有制經濟發展成為混合所有制經濟。要允許混合所有制經濟實行企業員工持股，形成資本所有者和勞動者的利益共同體。國有資本投資項目要允許非國有資本參股。

2015年9月，中共中央、國務院《關於深化國有企業改革的指導意見》正式頒布。指導意見提出，要推進國有企業混合所有制改革。要以促進國有企業轉換經營機制、放大國有資本功能、提高國有資本配置和運行效率以及實現各種所有制資本取長補短、相互促進、共同發展為目標，穩妥推進國有企業發展混合所有制經濟。對於已經通過股份制、上市等途徑實行混合所有制的國有企業，要著力完善現代企業制度、提高資本運行效率。對於適宜推進混合所有制改革的國有企業，要充分發揮市場機制的作用。混合所有制改革不搞「拉郎配」、不搞全覆蓋、不設時間表，成熟一個，推進一個。要依法依規、嚴格程序、公開公正，保護混合所有制企業各類出資人的產權權益，防止國有資產流失。

自此，中國混合所有制經濟發展進入新的徵程。

三、混合所有制經濟發展現狀

經過多年的改革實踐，中國的國有企業在發展混合所有制經濟方面取得了一定的成效，一大批國有企業通過股份制改造、上市等途徑成為混合所有制企業。未來混合所有制改革將作為國有企業改革的重要突破口，按照完善治理、強化激勵和提高效率的要求，在電力、石油、天然氣、鐵路、民航、電信、軍工等領域率先邁出實質性步伐，在銷售端和新增板塊引入社會資本參股或合營，開展混合所有制試點工作，形成國有資本與民營資本、外國資本、自然人資本等相互融合，引領整個混合所有制改革工作。

（一）中央企業

從中央企業來看，近年來中央企業投資混合所有制企業的數量逐年上升，中央企業對混合所有制改革的貢獻度逐年上升。根據國家發改委的數據，截至2014年年底，中央企業及其下屬子企業改制面由2003年的30%提高到2014年的85%。中央企業出資的各層級企業總戶數為47 699戶，

其中混合所有制企業戶數占比 66.15%，國有資本占比 43.89%。國有控股上市公司為 1 075 家，其中中央企業控股的上市公司為 376 家，中央企業控股的上市公司資產總額、營業收入和利潤總額分別占中央企業的 54.49%、59.89%、66.05%。通過改制上市，中央企業的主要優質資產與非國有資本實現了融合，上市公司已經成為中央企業發展混合所有制經濟的重要載體。

（二）地方國有企業

從地方企業來看，伴隨著國有企業改革的深化，以混合所有制為導向的地方國有企業市場化改革不斷推進，地方國有企業整體上市以及整合重組等成為改革的主要方向。目前，上海、廣東、山東、江西、重慶、四川等省市都制定了相關細化方案，在分類監管基礎上深化混合所有制改革成為重點，重組整合和資產證券化等都列入了改革的目標，員工持股等試點工作也將開展。山東省提出創新混合所有制改革模式，探索建立國有資本優先股制度，支持投資者通過附帶購買股權的資產租賃和承包經營等方式參與國有企業混合所有制改革，在少數特定領域探索實行國家特殊管理股制度，鼓勵國有資本、民間資本、外商資本以及保險資金、股權（產業）投資基金等各類資本參與省屬國有企業改革。江西省提出，要著力在發展混合所有制經濟上打造樣板，積極引入包括股權投資基金在內的各類資本，參與國有企業改制重組或者新設混合所有制企業；加快推進具備條件的商業類國有企業整體上市，提高省屬國有資本證券化水平。四川省為加快混合所有制經濟發展，鼓勵國有企業通過投資入股、聯合投資、重組等方式，與非國有企業進行股權融合、戰略合作和資源整合；2016 年 962 戶省屬一級及下屬法人公司已經有 40% 發展為混合所有制企業，2017 年將啟動員工持股試點工作；先後向社會發布 336 個項目，鼓勵社會資本投資重大項目，擴大國有資本與民營資本融合發展的空間；在資產證券化方面，通過推進國有企業在主板、創業板、新三板等掛牌上市，全省地方國有控股上市公司增加至 23 家，到 2020 年省屬企業資產證券化率力爭超過 30%。

從地區來看，全國各地混合所有制經濟發展差異較大。全國工商總局的數據顯示，截至 2014 年年底，中國國有資本投資的混合所有制企業主要集中在東部地區，占比超過五成，中部及西部地區占比各超兩成。具體到各省、市、區，京、滬、蘇混合所有制企業的數量位居前列，上海市和江西省的混合程度較深，新疆、青海、內蒙古、東北三省等地混合比例較低。

四、發展混合所有制應關注的問題

混合所有制經濟能在一定程度上促進公司治理的改善，但也不是一混就靈。現有的混合所有制改革與投資者的期盼尚有差距，一些共識尚未達成，一些體制機制弊端也未能從根本上消除，未來的意見和執行還具有不確定性，這些都影響了投資者的信心和積極性。從實際情況來看，混合所有制改革進展未達到市場預期，一些問題需要加以關注。

（一）混合所有制改革底層配套不足

頂層設計的成敗與底層配套息息相關。頂層設計如果得不到市場的回應，最終可能會胎死腹中。從目前來看，底層配套機制仍顯不足，此前已經局部開展的一些國有企業混合所有制改革難以取得實質效果。比如，中國在石油和電力行業開展的中央企業混合所有制改革試點工作進展緩慢，一些地方國有企業混合所有制改革停留在口號上，並沒有根本性的改變。要從制度上解決混合所有制企業獨立法人問題，脫離與政府的行政依賴關係。混合所有制企業領導人不要再實行行政任命，政府也不要干預混合所有制企業的日常經營活動，而應更多地為混合所有制企業完善競爭性的市場結構。

（二）混合所有制企業應注重完善公司治理結構

混合所有制企業不應僅僅停留在股權結構上的混合，而應嚴格按照《公司法》建立現代企業制度。當前，很多國有企業雖然已經成為混合所有制企業，但未能完全市場化，在公司治理上還存在諸多問題，民營資本未能參與公司治理，在企業經營管理中沒有話語權。一些國有企業雖然已經上市，但法人治理結構不健全，不少國有上市公司仍然是「一股獨大」，仍然按照上市前的思維來管理企業，企業經營機制沒有出現根本轉變。混合所有制改革要從構建現代企業制度著手，按照現代企業理念去規範和管理。對混合所有制企業，應給予充分的市場主體地位，真正引入市場機制。國有資本以股東身分行使權力，而不是依靠行政命令。要健全以董事會為核心的企業管理制度，強化董事對公司的義務和責任，明確董事會與經理層之間的關係。在股東權力和利益制衡的條件下，完善公司治理結構，實現公司治理機制的市場化。要對股權比例的安排、參股民營企業的

經營管理權及分紅派息保障權等諸多操作細節進一步厘清，釋放混合所有制改革的紅利。

（三）混合所有制經濟需穩妥發展

在 2015 年 9 月《關於深化國有企業改革的指導意見》出抬以前，許多省、市、區都出抬了地方國有企業混合所有制改革的意見，把混合所有制改革作為一項重要的工作來抓。但從地方制定的混合所有制經濟發展的意見來看，很多都進行了指標量化，比如普遍提出到 2020 年要把混合所有制經濟提高到 70% 以上或更高。這樣做的結果容易導致一種運動式的改革，為完成任務而忽視當地的實際情況，出現為了混合而混合的情況。

（四）混合所有制企業應建立市場化的用人機制

當前，許多國有企業的高管都是帶有行政級別的黨政幹部，其任命多由行政命令決定，對企業承擔經營風險的責任心不強。在這樣的用人機制下，國有企業要進行混合所有制改革，就要確保代表國有資本的企業高管不受行政干預，能以一個市場化的企業家身分來管理企業，並承擔相應的責任。這是不同所有制的資本之間能夠彼此信賴、長期合作的基礎。因此，國有企業要加大市場化的選人用人機制，大力推行職業經理人制度，為混合所有制改革築牢基礎。在激勵機制上，也應市場化。在混合所有制企業中，國有企業委派的人員和民營企業、外資企業委派的人員薪酬不應有較大差異，應體現同工同酬，以免影響工作積極性。

（五）不同所有制的企業文化需要融合

現實中，國有企業的企業文化和民營企業、外資企業的企業文化存在諸多差異。國有企業的混合所有制改革，必然伴隨著不同所有制企業文化之間的交匯。要使混合所有制改革有效率，就要注意企業文化的融合，以使各方走到一起，相互合作，共同為企業的發展做貢獻。要在實踐中不斷探索，尋求各種所有制企業文化的最佳契合點，建立起具有混合所有制企業特徵的企業文化，使改革順利推進。

（六）混合所有制改革需要改善法治環境

國有企業開展混合所有制改革，需要改善現有的法治環境。不少民營企業對國家提出的發展混合所有制經濟心存擔憂，其中一個重要的考慮就

是自身的權益保護問題，它涉及司法體系是否公正。當國有股東和非國有股東因利益糾紛訴諸法院時，人民法院應公平公正地加以裁決，而不偏袒任何一方，這是混合所有制改革成功的必備因素。只有擁有優良的法治環境和獨立、公正的司法體系，才能為改革保駕護航，才能增強非國有資本參與混合所有制改革的信心。

（七）民營企業參與混合所有制改革的意向不足

從現實來看，引入民營企業和外資企業參與國有企業混合所有制改革有一定的難度。一是國有企業效益存在差異，效益好的商業類國有企業，有可能吸收到戰略投資者，效益差的企業則很難引入民營資本。二是控股權的問題。國有資本如主導控股權，就意味著民營企業喪失了話語權或話語權很弱勢，混合所有制企業的經營機制很難有根本的轉變，民營企業在重大決策上沒有發言權，這顯然是民營企業不願意看到的。因此，對混合所有制改革應有更加開放的意識，對主業處於充分競爭的商業類國有企業搞混合所有制改革，不應過分強調控股權，特別是效益不佳的企業，應讓渡控股權，向非國有資本開放。

（八）混合所有制企業必須合理設置股權比例

混合所有制改革不能為了混合而混合，而是要能切實轉換企業經營機制，釋放企業活力，解放企業生產力，提高企業市場競爭力。因此，非國有資本在混合所有制企業中應達到一定比例，以便擁有話語權，避免股東大會和董事會成擺設。根據《公司法》的規定，修訂公司章程、增減公司資本、公司合併分立、解散或者變更公司形式等重大事項，必須經 2/3 以上的股東投票通過。當非國有股東占據 1/3 以上的股份時，能對國有股東形成實質性制衡，真正參與到公司的經營與管理中。為此，民營資本在混合所有制企業中的比例應不低於 33.4%。只有這樣，才能真正改善混合所有制企業的業績。否則，可能成為名義上的混合或象徵意義的混合，而不是具有實質意義的混合所有制改革。當然，為了更大地提升混合所有制企業的效率和市場化程度，國有資本混改後可根據情況持續降低比例，形成參股甚至完全退出，實施戰略性轉移和重新配置。這樣，不僅能增加未來混合所有制改革對民營資本的吸引力，而且也回應了黨的十八屆三中全會提出的「鼓勵發展非公有資本控股的混合所有制企業」。

(九) 混合所有制企業需完善非國有資本退出機制

在鼓勵社會資本參與混合所有制改革方面,政府出抬了一些政策和措施。但在非國有資本退出混合所有制企業方面,缺乏相關的指引。現實中,一旦民營企業想終止與國有企業的合作,收回混合所有制企業中所投的資金,將會變得非常困難,其利益往往會受到損害。

(十) 混合的領域必須進一步放寬

目前,中國在石油、天然氣、電力、鐵路、民航、電信、軍工等領域的混合所有制改革進展緩慢,改革受到利益集團的阻撓,未能邁出實質性步伐。而國有企業混合所有制改革開放的領域,許多是微利甚至虧損,有些還屬於產能過剩的行業,希望通過非國有資本的進入來扭轉經營困局,這顯然對民營資本吸引力不足。因此,要推進混合所有制改革,必須開放競爭性業務,破除行政壟斷,放寬准入限制,推進網運分開,以更大的誠意吸引民營資本參與國有企業改革。

五、混合所有制改革的國有企業類別

混合所有制改革是一個漸進的過程,要根據國有企業類別來推進混合所有制改革。從中國的國情來看,中國的國有企業絕大部分屬於商業類,是混合所有制改革的重點。2015年,國資委代表國務院履行出資人職責的中央企業有106家,商業一類即主業處於充分競爭行業和領域的企業有60多家,商業二類即主業處於關係國家安全、國民經濟命脈的重要行業和關鍵領域、主要承擔重大專項任務的企業有20多家,屬於公益類的中央企業有10多家。除了少數關係國家安全的領域、自然壟斷環節的管網、國有資本投資營運公司等實行國有獨資外,絕大部分商業類國有企業都應逐步發展為混合所有制企業,並逐步降低國有股權佔比。

(一) 主業處於充分競爭行業和領域的商業類國有企業

對主業處於充分競爭行業和領域的商業類國有企業,原則上都要實行公司制股份制改造,積極引入各類非國有資本實現股權多元化,國有資本股權不設限,可以絕對控股、相對控股,也可以實行參股。充分競爭性國有企業向社會資本全面開放,由市場決定控股股東,並著力推進整體上

市，提高市場化程度。

（二）主業處於重要行業和關鍵領域的商業類國有企業

對主業涉及國家安全、國民經濟命脈的重要行業和關鍵領域的商業類國有企業，以及主要承擔重大專項任務的商業類國有企業，可保持國有資本控股地位，並支持非國有資本參股。對處於自然壟斷行業的國有企業，實行以政企分開、政資分開、特許經營和政府監管為主要內容的改革，根據不同行業實行網運分開、放開競爭性業務，實現公共資源配置市場化，同時加強分類監管，規範企業營利模式。

（三）公益類國有企業

公益類國有企業可以採取國有獨資形式，也可以實行投資主體多元化，還可以通過購買服務、特許經營、委託代理等方式，鼓勵非國有資本參與經營。在水電氣、公共交通和公共設施等提供公共產品和服務的行業和領域，要積極推動具備條件的企業實現投資主體多元化。政府加強對公益類企業的監管，並在考核中引入社會評價。通過引導公益類國有企業規範開展混合所有制改革，引入市場競爭機制，提高公共服務效率和水平。

六、實現混合所有制經濟的路徑

隨著混合所有制經濟的推進，國有資產證券化、兼併重組等改革力度將不斷加大。

（一）資產證券化

在正式發布的國有企業配套改革文件中，提高國有資產證券化率成為亮點。國有企業實施混合所有制改革，可借助資本市場的力量，運用市值管理手段，盤活國有企業上市公司資源，實現國有資產價值最大化。

1. 國有資產證券化的意義

（1）有助於促進政企分離

資產證券化可實現增資降槓桿，是國家倡導的改革方式。通過發行股票和可轉換債券實現國有資產證券化後，國有企業產權將由政府主導的單一主體變為多元投資主體。產權多元化有助於政企分開，有助於形成股東會、董事會和管理層相互制衡的公司治理結構。

第六章　混合所有制經濟發展研究

（2）有助於實現國有資產保值增值

國有資產證券化將促使國有企業完善公司治理，建立更為有效的激勵約束機制，從而提高企業盈利能力。此外，資本市場還可以發揮國有資本佈局和調整的作用，通過增資擴股及借殼上市等方式調整國有資產在上市公司中的比例，將有限的資源向優質的上市國有企業集中，將國有資本佈局調整到盈利前景好、能促進經濟轉型的高端設備製造和現代服務業中去。

（3）有助於防止國有資產流失

資本市場的監管較為嚴格，上市公司的重大事項必須及時發布，對企業財務狀況等信息披露也有硬性規定，以便接受公眾監督。由於資產證券化能保證交易的公平性，並接受陽光監督，因而能有效防止國有資產流失，有利於國有資產管理。實踐表明，資產證券化是成本較低的改革方式，爭議也較少，容易被政府和社會接受。當前，通過提高國有資產證券化率來加快國有企業改革已經成為各界共識。

2. 國有資產證券化的現狀

（1）中央企業

近年來，中國的資本市場不斷完善，國有企業改革力度逐漸加大，鼓勵國有資本與非國有資本融合的措施陸續出抬，混合所有制經濟發展的條件日益成熟。中央企業借助資本市場實施混合所有制改革，將成為未來的主要發展方向。可以預計，未來五年國有資產證券化率將有較大幅度提升。

截至2015年年底，中央企業控股上市公司388戶，中央企業61.3%的資產、62.8%的營業收入、76.1%的利潤集中在上市公司。

（2）地方國有企業

近年來，各地政府為加快國有企業改革，相繼出抬了關於發展混合所有制經濟的相關指導意見。與中央企業相比，地方國有企業資產證券化比例明顯偏低。從2016年年初地方「兩會」開始，包括上海、廣東、山東、江西、江蘇、吉林等在內的多個省市明確提出了國有資產證券化率目標。截至2016年12月，全國已有20多個省市相繼出抬了國有資產證券化目標，並且普遍提出到2020年資產證券化率達到50%以上。

以國有經濟較為發達的廣東省為例，2015年11月廣東省發布了《關於省屬企業實施創新驅動戰略 加快轉型升級的指導意見》和《關於加強省屬企業資本營運工作的意見》。兩份文件以問題為導向，以資產證券化

率為核心，提出了省屬企業資本營運3~5年工作目標和措施。其工作目標明確指出，要提高資產證券化率。到2017年，省屬企業證券化率達到60%；到2020年，省屬企業資產證券化率將達到70%。目前，廣東省屬企業的資本營運效率普遍較低，資產證券化率不足50%。

中西部地區也制定了證券化目標。湖北省提出，到2020年國有資本證券化率將達到50%以上。四川省則提出，到2020年省屬企業資產證券化率將超過30%。

3. 資產證券化的主要方式

從操作層面來看，國有資產證券化的方式主要包括整體上市、主業資產上市、借殼上市等，通過這些方式可提高中央企業以及地方國有企業的資產證券化率，放大國有資本功能，明晰國有資產產權。

(1) 整體上市

過去，中國國有企業的改制主要集中在集團的二級、三級企業，集團一級企業基本上沒有改制，有些一級企業甚至今仍未進行公司制改造。無論是中央企業還是地方國有企業，一級企業絕大多數屬於國有獨資公司，或者國有多元化的股份公司，整體上市的國有上市公司非常少。此外，以往許多國有企業改制上市時，由於存在歷史遺留問題，為了能早日上市，採取保留一個集團公司的方式，把優質的資產割給股份公司，劣質資產和大量負債、冗餘人員則留給了集團公司。新一輪改革提出要創造條件實現集團公司整體上市，有望從根本上解決歷史遺留問題，規範資本市場。

從現實來看，國有企業將部分業務分拆上市後，集團公司與包含優質資產的上市公司之間一般會存在密切的業務往來甚至關聯交易，上市公司由於缺乏獨立性，集團公司以控股權侵犯中小股東的現象時有發生，因此分拆上市飽受詬病，未來國有企業整體上市將成為主流。

國有企業整體上市模式主要包括三種方式：

一是母公司整體上市。即母公司作為上市的主體，在重組、剝離、處置不良資產或部分非主營業務後，所有資產、業務、人員都進入擬上市公司，不再保留存續企業，中國工商銀行和中國銀行等均採用該種方式實現整體上市。

二是上市公司向母公司非公開發行股票。該模式適用於已經部分上市的國有企業。已上市公司向其母公司發行一定數量的股票，母公司通過購買股票將經營性資產注入上市公司，從而實現一次或分次整體上市。

三是上市公司以現金收購母公司資產。上市公司用現金收購母公司的主業資產或與上市公司業務相關聯的資產，從而實現母公司主營業務與資產整體上市，通常上市公司會分次購買。

（2）主業資產上市

國有企業改制設立擬上市公司時，將主營業務及其資產全部投入擬上市公司，同時將非主業資產和業務保留在母公司並改制成相應的存續企業。這是許多大型國有企業上市時採用的模式，如中國中冶等。

（3）多元業務分別上市

對於涉足多個行業的大型國有企業，可採取分別上市並保留相應存續企業的模式，從而達到實現各業務資產上市的目的。多元業務分別上市模式適合於多元化經營的大型國有企業集團，根據其經營業務板塊特徵，比如是屬於傳統行業還是新興產業，可選擇在國內 A 股主板市場、中小板市場、創業板市場、香港 H 股市場或海外證券市場上市。

（4）借殼上市

國有企業借殼上市是指國有企業通過證券市場購買一家已上市公司一定比例的股權從而取得上市地位，然後通過反向收購的方式注入自身資產實現間接上市。這種模式需要國有企業在二級市場上尋找殼資源。通常，作為殼資源的上市公司經營業績較差，價位較低。

（二）兼併重組

2015 年 9 月出抬的《關於深化國有企業改革的指導意見》提出，要鼓勵非國有資本投資主體通過出資入股、收購股權、認購可轉債、股權置換等多種方式參與國有企業改制重組。新一輪改革將更加強調非公有資本參與國有企業重組，兼併重組將會更加市場化和公開化，以混合所有制為導向的國有企業市場化兼併重組將得以加速。

1. 兼併重組的意義

（1）促進產業轉型升級，提升企業經營效益

國有企業實施兼併重組，將改善國有企業股本結構，實現投資主體多元化，推動相關產業轉型升級，擴大市場份額，提高經營效益。兼併重組對解決國有資本佈局的結構不合理、資源配置的效率不高、重複投資、同質化現象嚴重等問題意義重大。此外，在中央提出供給側改革的背景下，兼併重組作為重要手段，將在國有企業提質增效和化解過剩產能中發揮更大作用。

（2）有利於提高國際競爭力，實施「走出去」戰略

在關鍵戰略性領域的國有資本與非國有資本兼併重組，進入更加符合市場競爭的產業鏈，有利於國有企業提高國際競爭力，爭奪國際市場上的話語權，維護國家產業安全，更好地實施「走出去」戰略。在參與全球項目時，還能防止同業惡性競爭。國有企業在全球做大做強後，未來海外併購將十分盛行。

（3）避免下崗潮，減少失業人員

相對於破產清算，兼併重組能減少下崗人員，緩解就業壓力。特別是在產能過剩的行業，通過與非國有資本的兼併重組，盤活國有資本，提高行業集中度，妥善解決好人員安置問題，有利於社會穩定。

2. 兼併重組應注意的問題

（1）試點先行

要探索國有企業資產重組有效的做法，堅持成熟一個，推動一個，穩妥做好國有企業兼併重組。要不斷總結試點過程中清產核資、業務整合、債務處置、冗員分流等方面的成功經驗和做法，為下一步兼併重組的大面積展開提供指導。

（2）發揮市場機制作用

國有企業重組應充分體現市場行為，不搞「拉郎配」。政府應作為國有企業的出資人參與到國有企業重組中去，按照市場經濟規律行使出資人權利，與其他所有制股東法律地位平等，不憑藉行政權力對國有企業重組進行干預。

（3）防止國有資產流失

由於國有企業的兼併重組會涉及很多敏感資產，防止國有資產流失也成為本輪國有企業重組改革中較為重要的工作。在重組過程中要加強對產權的保護，嚴格國有資產的審計和評估，嚴防改革過程中出現國有股權低價轉讓或折股問題，整個重組過程要公開化、透明化。

3. 兼併重組的路徑選擇

（1）行業內優化重組

對主業處於競爭領域、業務相互重疊或優勢互補的企業進行合併，採取股權合作、資產置換等方式整合同質化業務，形成國有資本與非國有資本相互融合，構建混合所有制企業。

（2）行業內兼併重組

經營效益好的企業兼併經營效益差的企業，通過兼併收購實現行業整

合，提高行業集中度，化解過剩產能，推動供給側改革。

（3）產業鏈整合

通過對處於產業鏈上下游不同位置的企業進行整合，實現資源的有效配置，提高企業的競爭能力。

(三) 基金

近年來，各地紛紛成立國資改革基金，通過市場化的手段引入社會資本，解決部分國有企業歷史負擔重、資金籌措渠道窄等問題。混合型基金也不斷湧現，許多地方由國有資本和民營資本共同發起設立了股權投資基金、產業投資基金、創業投資基金、產業引導基金、產業併購基金等，解決國有企業改革中的各種資金需求。此外，社保基金、保險基金和股權投資基金等機構投資者也對參與國有企業改革表現出濃厚的興趣，一些基金作為戰略投資者與國有企業簽署了增資擴股協議，參與了國有企業的改制重組等改革。國資監管部門也將建立若干行業性的或者混合型的投資基金公司，管理混合所有制企業中的國有資本。未來，基金參與國有企業改革將成為一種趨勢，並成為推進混合所有制改革進程的重要方式，一批體制新、機制活、市場競爭力強的混合所有制企業將大量湧現。

(四) 增資擴股

根據國有企業混合所有制改革的需要，鼓勵各類非國有資本參與國有企業業增資擴股。對資產質量優、發展潛力大、市場認可度高的國有上市企業，可採取定向增發方式將非國有資本注入公司，通過增資擴股引入戰略投資者和合作夥伴，增強企業實力，增強企業活力，擴大企業現金流，提升企業的市場競爭力。

(五) 企業間合資合作

國有企業可通過合資合作方式，引入民營資本或外國資本發展混合所有制經濟。國有資本可與民營資本、外國資本等展開合作，由參與雙方或多方共同投資新設混合所有制企業。在境內，國有資本可與外國資本共同投資設立中外合資經營企業或中外合作經營企業；在境外，國有企業可走出去投資國外企業從而成為境外公司股東。國有資本與非國有資本還可在項目上展開合作，在一些新興產業上展開合作。國家在石油、天然氣、電力、鐵路、電信、公用事業等領域，也可向非國有資本推出符合產業政策

的項目，吸引非國有資本參與項目的開發和經營，提供服務效率和水平。

(六) 政府和社會資本合作

大力推廣政府和社會資本合作（PPP）模式，引入社會資本參與基礎設施、公用事業、公共服務等領域項目的開發和建設。除了國家明令禁止的領域外，國有資本投資項目都應向社會資本開放。通過政府和社會資本共同投資項目建設，緩解政府財政資金不足的壓力，合理分擔項目建設的風險和收益，實現政府和社會資本的雙贏。各地政府應加大PPP項目的推介力度，將PPP模式廣泛運用於交通、能源、水利、環保、市政工程、教育、醫療等領域，並促成國有資本與非國有資本的融合。在PPP項目合同簽訂後，國有企業與民營企業等非國有企業應共同投資設立專門的PPP項目公司，負責PPP項目的開發、建設和營運，推動PPP項目的順利進行。為吸引社會資本，在PPP項目公司內，國有資本不一定要控股，以便混合所有制企業形成以市場為導向的公司治理機制。

七、加快混合所有制經濟發展的舉措

(一) 弱化企業所有制觀念

黨的十八屆三中全會指出，混合所有制經濟是基本經濟制度的重要實現形式。因此，新形勢下應擱置關於「國進民退」或「國退民進」的爭議，弱化企業所有制屬性意識，不要糾結於「姓公」「姓私」的問題，而要強化混合所有制觀念，在事實上平等對待各類企業主體。當前推進混合所有制改革，國家更多突出的是國有企業的混合所有制改革，即強調以國有企業為主體，通過讓渡國有股權來吸引非公有資本參與。這種改革思路容易把國有企業繼續當作「共和國長子」，忽視非公有資本的利益訴求，不利於本輪改革取得成功。在社會主義市場經濟條件下，無論是國有企業還是民營企業，都是中華民族企業，都是國家脊梁，都是民族產業發展的中堅力量。發展混合所有制經濟，不僅僅是為了解決當前國有企業發展的困境，更是著眼於各種所有制企業的共同發展。新時期改革要向「管資本」轉變，就要鼓勵國有資本參股民營企業，重視以民營資本為主體形成的國民混合的所有制經濟形態。

(二) 鼓勵非國有資本參與國有企業改革

鼓勵非國有資本以控股或參股的形式參與國有企業改革，加大對非國有資本參與國有企業改革的支持力度，促進民營企業和外資企業等非公有制企業通過併購、控股、參股等方式，參與國有資本佈局調整。國家拿出一些項目允許非國有資本參股，實現國有經濟與非國有經濟互利共贏。加快制定支持非公有制經濟參與國有企業改革的政策。

(三) 大力發展主業

通過加大國有企業與民營企業的資源整合力度，推動管理、資金、技術、人才等各類資源向優勢主業集中。通過市場化方式重組，採取並入產業相關優勢企業或交由優勢企業整合等方式，國有企業加快剝離非主業或不具競爭優勢的企業或業務。鼓勵國有企業通過市場化手段，圍繞產業鏈上下游進行整合，提高產業專業化水平。支持國有上市公司圍繞主業加大併購力度，收購產業鏈上的高端資產，積極佈局新興產業。國有企業還可根據主業發展需要，採取協議受讓、大宗交易等方式收購上市公司。

(四) 加大產權保護力度

產權改革是推進國有企業改革的重要保障。要加大對混合所有制企業所有股東的權益保護，特別是產權保護。產權是混合所有制的核心，要健全歸屬清晰、權責明確、保護嚴格、流轉順暢的產權制度。保護國有股東和非國有股東要一視同仁，要同股同權，國有企業和非國有企業在股權問題上一律平等，沒有門檻高低之分。公有制經濟的財產權不可侵犯，非公有制經濟的財產權同樣不可侵犯。國有企業改革涉及股權的變化，對混合所有制企業股東的進入和退出機制要明晰，產權交易要公開透明，要以市場公允價格處置企業資產，實現國有資本的形態轉換。

(五) 發揮國有資本投資營運平臺的作用

充分發揮國有資本投資營運公司的作用，整合盤活各類國有資產，推動企業市場化重組，提供投融資和擔保等服務。國有資本投資營運公司可通過市場化方式，在高新技術、生態環保等重點領域，與發展潛力大和成長性較好的非國有企業進行股權合作，大力發展戰略性新興產業。積極組織引導國有企業和其他所有制企業以強強聯合等方式進行資源整合，獲得

核心技術、稀缺資源、高端品牌和市場渠道。

(六) 改善混合所有制企業股權結構

發展混合所有制應優化股權結構，將股份比例過大的國有股權適度分散給非國有資本持有，可通過股權重組、經營者持股、員工持股等多元化市場化的方式減持，還可引進養老基金、保險基金、公募基金以及私募基金等機構投資者。通過合理的股權結構構成制衡機制，使所有股東的權利統一在股東大會和董事會層面行使，防止任何股東跳過董事會干預公司的日常經營，保障公司的獨立法人地位。

(七) 改革應因地制宜

國有企業改革頂層設計方案的出抬，為地方國有企業改革指明了方向。但中國國有企業眾多，中央企業與地方國有企業差異較大，不同省市區的國有企業發展水平不一，不同類型的國有企業在改革側重點以及改革進度上也有很大的差別。因此，地方政府應更多地運用改革自主權，因地制宜，結合當地實際情況推進地方國有企業改革。要制訂計劃，穩妥推進混合所有制經濟發展，避免混合所有制改革成為一場「走過場」的運動，或是出現「為改革而改革」的形式主義。

(八) 將部分國有資產轉化為優先股

將部分國有股權轉化為優先股，國家從經營國有企業轉向經營國有資產，關注國有資產的增值保值。當前，許多國有企業集團公司的國有資本數額巨大，有的集團企業經過重組後幾乎囊括了一個行業的國有資本，有的集團公司國有資本動輒幾十億元乃至上百億元。當其他社會資本進入時，投入了大量資金卻難有話語權。在這種情況下，可以將部分國有資本轉為「優先股」。國有資本優先取得固定收益，非國有資本參與經營管理，雙方各取所需，互利共贏。

(九) 探索建立國家特殊管理股制度

在公益類國有企業和自然壟斷國有企業的改革中，可引入國家特殊管理股制度。在某些少數特定領域內，國家不一定控股，但擁有一票否決權。當國有股東代表認為混合所有制企業的重大決策可能危害國家利益或公眾利益時，可行使一票否決權。「國家特殊管理股制度」類似於西方國

家的「黃金股」制度，值得中國探索和試點。

(十) 放寬民營企業投資領域

目前的政策和體制機制限制了民營企業的發展，各種「彈簧門」成為民間資本參與混合所有制經濟發展的障礙。因此，發展混合所有制經濟必須加快推動壟斷領域的改革，破除各種障礙，明確民營企業進入壟斷行業的時間表和路線圖，制定相應的實施細則和辦法。要進一步明確關係國家安全和國民經濟命脈的重要行業和關鍵領域，為民營資本提供進入指南。要降低競爭性行業的准入門檻，鼓勵民營資本參與戰略性新興產業的發展，加大一般性競爭行業的開放力度。要以發展混合所有制經濟作為重要突破口，在電力、石油、天然氣、鐵路、民航、電信、軍工等壟斷程度較高的領域邁出國有企業改革的實質性步伐。

(十一) 對大型國有企業資產進行分割

對某些領域中資產規模較為龐大的國有企業開展混合所有制改革，可對其業務進行分割，拿出一部分資產和業務成立獨立的法人實體，提高非國有資本在股本中的比例，增加非國有股東的話語權，減輕民營資本對於大型國有企業參股的擔憂，提高混合所有制改革成功的概率。實際操作中，大型國有企業可拿出一小部分資產，與民營企業一道單獨註冊成立混合所有制企業，讓民間資本有能力以對等的資本進入。民營資本在混合所有制企業中的比例可根據發展需要確定，可以參股，也可以控股。

(十二) 解決混合所有制企業獨立法人問題

混合所有制改革的核心問題是解決企業能夠獨立自主地決策經營。企業作為一個獨立法人，要徹底擺脫與政府的行政依賴關係。混合所有制企業高層管理人員也不要實行所謂的任命，而是按照市場規則產生。要加快推進國有企業去行政化改革，取消混合所有制企業的行政級別以及高管的行政待遇，同時完善相應的業績考核、薪酬體系與激勵約束機制。要制定混合所有制企業中非國有資本退出的制度安排，確保非國有資本可以按照市場化原則自由進出，減輕民營企業家參與混合所有制改革的顧慮。

八、混合所有制企業的監管研究

隨著混合所有制經濟的發展,混合所有制企業的股東日益多元化,其股權結構可能不再單一或集中,不同的投資者會利用相關規則來表達自身利益訴求。在新形勢下,國資監管機構的監管對象可能不再是國有企業,而是投入到混合所有制企業中的國有資本。除部分關係到國計民生的國有企業外,國資監管工作的重點將是混合所有制企業中的國有資本如何在與其他資本的博弈和競爭中保值增值。按照黨的十八屆三中全會提出的「大力發展混合所有制經濟」精神,原有的國資監管理念和模式將發生根本性轉變,對混合所有制企業的有效監管工作也需要進行積極探索。

(一) 混合所有制企業監管面臨的挑戰

1. 國有資產流失

由於當前國有資產監管制度還不夠完善,黨的十八屆三中全會以來,在國有企業混合所有制改革的進程中,一些地方確實存在有國有資產流失的現象。一些地方政府和國有企業改革心切,急於求成,把混合所有制改革當成運動式的改革,並提出了相應的數量指標。由於缺乏有效的監管,加之混合所有制改革方案不夠周全,試點工作也未能有效開展,造成了國有資產的部分流失。在國有企業混合所有制改革的進程中,一定要穩妥推進,防止把混合所有制改革變成侵吞國有資產盛宴的現象發生。

2. 股權多元化帶來利益衝突

混合所有制經濟在中國並非新事物,然而當黨的十八屆三中全會再次提及混合所有制經濟時,社會上的反響卻不盡一致。在混合所有制改革的進程中,隨著不同所有制股東的進入和退出,混合所有制企業的股權結構開始發生變化,公司治理日益完善,伴隨而來的是各方激烈的利益博弈和衝突。在這個過程中,需要原有的國資監管模式做進一步完善,以跟上混合所有制改革的步伐,否則就可能會出現監管的盲區,出現監管不到位的情況。由此,在混合所有制改革的進程中,如何有效地保護國有資本和其他所有制資本權益,是新時期國資監管工作需要考慮的重要內容。

3. 國有股東權利行使方式發生變化

混合所有制企業能有效改善國有企業公司治理,但對混合所有制企業的經營監管工作卻提出了新的挑戰。在混合所有制企業中,無論國有資本

第六章 混合所有制經濟發展研究

處於控股或參股地位，由於存在其他資本，都需要按照《公司法》來進行經營和決策，因而國資監管機構對混合所有制企業的控製力要受到其他資本的影響，無法直接就具體事項行使監管權力。在監管權限被削弱的情況下，為保障國有資本的安全，國資監管工作必須考慮如何利用《公司法》等現代企業制度來進行，通過發揮委派人員的作用，有效地行使國有資本所帶來的公司治理權力。在國有資本的收益問題上，應在國有資本進入時就設計好股份分紅方案或轉讓退出方案，通過制訂公司章程等市場行為來合法合規地實現國有資本的保值增值。

(二) 強化混合所有制企業監管的舉措

面對規模日益增長的各種類型的混合產權，國有資產監管機構需要對混合所有制企業實現更為有效的監管措施。

1. 理順國有產權的委託代理關係

國資監管部門與國有上市公司並無直接的產權關係，但現實中國資監管部門往往會通過集團公司來干預上市公司，使上市公司的重大決策實質上不能自主獨立完成。國有企業實行混合所有制改革，就要理順國有產權的委託代理體制，國資監管部門要向管資本轉變，而不再是管企業，要有效阻斷政府部門穿越國有股東干預混合所有制公司的途徑。

2. 完善混合產權的監管制度

適應混合所有制改革的監管需要，完善相關混合產權監管制度。國有資產監管要做到不越位，不以行政手段干預混合所有制企業的日常經營活動；同時也要不缺位，避免出現監管盲區，防止國有資本受損。當混合所有制企業作為投資主體在對外投資時，產權鏈條將延伸，新形成的產權所有制性質更為複雜，要健全相應的監管機制，對產權屬性明確予以區分，並加強監管工作，切實保護國有出資人的產權權益，防止國有資產流失。

3. 規範審批制度

按照現代企業管理制度，國有出資人依照《公司法》及公司章程規定，對公司董事會及經營管理層授予經營管理公司的權力。政府可建立國資審批清單，明確混合所有制企業中國資代理人應報國資監管部門審批同意的事項。對清單以外的事項，根據不同混合所有制企業的具體情況，予以相應的授權，由企業根據實際經營情況自主決定。

4. 實施分類監管

根據混合所有制企業的股權結構情況，對國有資本實施分類監管。將

混合所有制企業劃分為國有控股公司和國有參股公司，並採取不同的監管措施。對國有控股公司，著重關注國資代理人的激勵與考核措施、國有資產的保本和收益情況、國有股東對公司的控製力和影響力情況，包括重大事項的決策權、財務事項的簽字權、企業收益的分配權，等等；對國有參股公司，由於國資在股權結構上不占優勢，監管的重點則為國有資本的保值增值情況、企業的社會責任等方面。

5. 強化信息披露制度

強化混合所有制企業信息披露要求，以便國資監管部門獲取混合所有制企業的相關信息，加強對國有資本代理人的監管。信息獲取和披露是公司治理中不可缺失的重要環節，是公司有效治理的保障。要採取多種信息披露方式，解決委託—代理關係中的信息不對稱問題，包括代理人定期報告、第三方仲介機構審計報告、公司監事會報告等。通過建立全面的信息披露制度，對代理人的工作進行有效的監管和評價。

第七章
混合所有制企業員工持股研究

伴隨著國有企業改革「1+N」方案的陸續發布，2016年8月18日，《關於國有控股混合所有制企業開展員工持股試點的意見》（以下簡稱《意見》）正式印發。該《意見》制定了改革時間表和路線圖，明確了員工持股試點企業的條件、持股範圍、持股比例、持股方式等細則，為未來國有企業開展員工持股指明了方向和道路。至此，國有企業員工持股改革的頂層設計落地，中央和地方的國有企業員工持股改革有望提速，並進入實際操作階段。

一、員工持股計劃理論概述

員工持股計劃（Employee Stock Ownership Plan，簡稱ESOP）是指企業為了吸引和留住人才，通過讓員工持有企業一定股份，使員工享有剩餘索取權的利益分享機制和擁有經營決策權的參與機制。員工持股計劃最早起源於美國，後逐漸在歐洲、日本等發達國家和地區推行，是打造員工和公司利益共同體的有效激勵手段。員工持股計劃最初的目的在於改變雇傭勞動制下資本相對於勞動力的主導地位，以化解日益加劇的勞資衝突。通過員工持股，勞動者兼有人力資本所有者和公司資本所有者的角色，在很大程度上實現了雇主和雇員價值取向的一致性。

西方發達國家和地區對員工持股研究有著較為成熟的理論，主要包括：

（一）雙因素理論（Two-Factor Theory）

美國經濟學家路易斯·凱爾索（Louis Kelso）被譽為員工持股理論的奠基人。1958年，凱爾索與阿德勒聯合出版了《資本主義宣言》，認為生產要素有兩種，即資本和勞動。工業革命以來，資本對生產的貢獻要大於勞動。現存資本主義主流企業制度的主要問題在於，工人僅能夠取得資本收入的很小一部分，總體上依靠從勞動中獲得收入。資本主義制度雖然創造了經濟效率奇跡，但卻不能創造經濟公平，導致富人更富，國家財富過度集中。為此，需要建立資本主義所有權分散化的新機制，使所有人既可以分享從勞動中獲得的收入，也能夠分享從資本中獲得的收入，勞動者的勞動收入與資本收入二者應結合在一起。1967年，凱爾索提出員工持股計劃，認為該計劃能在不侵犯原財產所有者利益的前提下，實現財富重新分

配。1986年，凱爾索和其夫人完成了又一部重要著作《民主與經濟力量》，在該書中，凱爾索正式運用了「雙因素理論」這個術語。

(二) 分享經濟理論 (The Share Economy Theory)

分享經濟理論形成於20世紀80年代，旨在解決資本主義社會的滯脹問題。與雙因素理論一樣，該理論對員工持股計劃的發展同樣起了重要作用。1984年，美國麻省理工學院經濟學教授馬丁·魏茨曼在出版的《分享經濟——用分享制代替工資制》一書中，提出分享制這一主張。魏茨曼把員工的報酬制度分為工資制度和分享制度兩種模式，其中，工資制度指的是「廠商對雇員的報酬是與某種同廠商經營無關的外在的核算單位（例如貨幣或生活費用指數）相聯繫」，分享制度指的是「工人的工資與某種能夠恰當反應廠商經營的指數（譬如廠商的收入或利潤）相聯繫」。魏茨曼認為，在資本主義經濟運行中，工資制度這種特殊的勞動報酬模式導致了停滯膨脹。當今的主要經濟問題，從本質上看是微觀的行為、制度和政策問題，需要進行改革，將工資制度改變為分享制度，使工人的勞動所得由工資和利潤分享兩部分組成。在稅收上，魏茨曼建議將兩部分收入區別對待，對利潤分享收入予以減稅。要實行分享制度，員工持股是一種有效的形式。

(三) 人力資本理論 (Human Capital Management)

20世紀60年代，美國經濟學家舒爾茨和貝克爾等創立了人力資本理論。該理論認為，人力資源是一切資源中最重要的資源。在經濟增長中的過程中，人力資本的作用比物質資本的作用大，人力資本應同物質資本一起分享剩餘價值。人力資本的核心是提高人口素質，所有資本中最具價值的投資是對人本身的投資。人力資本理論形成後，推動了員工持股計劃的發展。

二、中國國有企業員工持股的改革歷程

中國的員工持股計劃是在改革開放後，國有企業在公司制和股份制改造過程中不斷探索創新發展起來的。從20世紀80年代開始，中國啟動國有企業的股份制改造試點，員工持股計劃的雛形逐漸形成。此後的三十多年改革中，員工持股計劃經歷了多次反覆，既有過實踐熱潮，也有過緊急

叫停的經歷。總的來看，中國的員工持股改革可分為以下幾個階段：

（一）早期的職工持股改革試點（1984—1991年）

20世紀80年代初期，為適應商品經濟發展的需要，中國政府允許企業開展內部職工持股試點，以便企業籌集資金。1984年，國家體改委印發了《城市經濟體制改革試點工作座談會紀要》。該紀要指出，「允許職工投資入股，年終分紅」。1984年，北京天橋百貨股份有限公司成立，開啓了中國企業職工持股的先例。1987年，黨的十三大報告指出，「改革中出現的股份制形式，包括國家控股和部門、地區、企業間參股以及個人入股，是社會主義企業財產的一種組織方式，可以繼續試行。一些小型全民所有制企業的產權，可以有償轉讓給集體或個人」。黨的十三大對個人入股的肯定，帶動了企業內部職工持股試點工作的開展。

（二）職工持股的全面推開（1992—1993年）

1992年5月，國家體改委、國家計委、財政部、中國人民銀行、國務院生產辦聯合發布了《股份制企業試點辦法》，國家體改委也發布了《股份有限公司規範意見》，對內部職工股做了相關規定，兩份文件成為關於企業內部職工持股最早的國家規定。此後，全國各地擴大了試點範圍，職工持股改革取得大規模發展。隨著改革的深入，職工持股的一些問題開始顯現，如超範圍、超比例發行的現象大量存在，職工股權證非法交易情況嚴重等。1993年4月，國務院下發緊急通知要求制止發行內部職工股中的不規範行為，職工持股改革熱潮有所減退。

（三）職工持股會盛行階段（1994—2002年）

1994年7月1日，中國正式施行《公司法》，股份制改革有了法律依據，職工持股試點進入規範發展階段。《公司法》實施後，各地紛紛結合實際情況制定了相應的規定，為企業開展員工持股提供指導。這一時期，持股會的產生成為主要特徵。根據《公司法》的規定，有限責任公司股東的數量為2~50人，股份有限公司的股東發起人不得超過200人，試點企業成立持股會有利於解決這一問題。同時，持股會還解決了員工過多如何進入董事會的難題，員工通過持股會表達自身的意願。1998年5月，國家工商管理局明確了職工持股會以及工會代持職工股份的合法地位。自此，企業職工持股開始由直接持股為主轉向代持為主。然而好景不長，由於股

份有限公司公開發行股票時，職工股認購不經過搖號中簽有違「三公」原則，加之股票上市後職工大量拋售牟利對資本市場形成衝擊，1998 年 11 月，證監會發布了《關於停止發行公司職工股的通知》，要求股份有限公司一律不再發行職工股，國有企業員工持股改革陷入僵局。2000 年 12 月 11 日，中國證監會法律部在《關於職工持股會及工會能否作為上市公司股東的復函》中明確指出，暫不受理工會作為股東或發起人的公司公開發行股票申請。2002 年 11 月 5 日，中國證監會法律部再次發布《關於職工持股會及工會持股有關問題的法律意見》，明確提出在民政部門不再接受職工持股會的社團法人登記之後，職工持股會不再具有法人資格，不再具備上市公司股東及發起人的主體資格，而工會作為上市公司的股東與其設立和活動的宗旨不符，同時為了防止發行人借職工持股會和工會的名義變相發行內部職工股，甚至變成公開發行前的私募行為，證監會將停止審批職工持股會和工會作為發起人或股東的公司發行申請。

（四）管理層收購流行階段（2002—2004 年）

2002 年 12 月 1 日，《上市公司收購管理辦法》開始施行，為上市公司管理層收購（MBO）提供了法律依據。全國實施管理層收購的國有企業數量迅速增長，出現了一波管理層收購的高潮。但由於缺乏必要的制度約束和有效監管，企業在實踐中很快就出現了失控局面，利益輸送嚴重，國有資產流失明顯，社會各界對管理層收購提出了質疑和擔憂。2004 年 8 月 9 日，郎咸平在復旦大學為中美財經媒體高級研修班做了一次演講——《格林柯爾：在「國退民進」的盛宴中狂歡》，直指格林柯爾董事長顧雛軍使用多種手段侵吞國有資產。顧雛軍也不甘示弱，對郎咸平的言論予以了回擊，這就是著名的「郎顧之爭」。「郎顧之爭」引發了社會關於管理層收購的大討論，顧雛軍也因涉嫌「編製虛假財務報表罪、虛假出資罪、挪用資產罪」等罪名鋃鐺入獄。

（五）員工持股改革進入停滯階段（2005—2012 年）

針對 MBO 中出現的諸多問題，2005 年，國務院國資委、財政部聯合頒布了《企業國有產權向管理層轉讓暫行規定》，明確提出「大型國有及國有控股企業及所屬從事該大型企業主營業務的重要全資或控股企業的國有產權和上市公司的國有股權不向管理層轉讓」「管理層不得採取信託或委託等方式間接受讓企業國有產權」等規定，叫停了大型國有企業管理層

的收購行為。自此，國有企業員工持股逐漸淡出歷史舞臺。2008 年 9 月 16 日，國務院國資委下發了《關於規範國有企業職工持股、投資的意見》，對國有企業改制過程中的員工持股行為做了進一步規範。2009 年，《關於實施〈關於規範國有企業職工持股、投資的意見〉有關問題的通知》下發，國務院國資委對有關中央企業和地方國資委反應的在執行過程中遇到一些具體問題做了進一步明確。2010 年 11 月，財政部、中國人民銀行、銀監會、證監會、保監會聯合發布了《關於規範金融企業內部職工持股的通知》，對金融企業的存量內部職工股管理做出了規範。

（六）員工持股改革重啟（2013 年至今）

2013 年 11 月，黨的十八屆三中全會通過了《中共中央關於全面深化改革若干重大問題的決定》，明確提出「允許混合所有制經濟實行企業員工持股，形成資本所有者和勞動者利益共同體」，員工持股進入改革議程。2014 年 6 月 20 日，證監會印發了《關於上市公司實施員工持股計劃試點的指導意見》，對上市公司員工持股計劃做出了頂層設計。2016 年 8 月，國務院國資委、財政部、證監會聯合印發了《關於國有控股混合所有制企業開展員工持股試點的意見》，從國家層面啟動了闊別 12 年之久的國有企業員工持股改革。

三、員工持股的意義

從實踐來看，員工持股能提高企業營運效率，是一種非常有效的激勵方式，對深化國有企業改革具有重要的意義。

（一）形成資本所有者和勞動者利益共同體

黨的十八屆三中全會指出，要允許混合所有制經濟實行企業員工持股，形成資本所有者和勞動者的利益共同體。這是一個具有創新性的表述，對於重新認識社會主義市場經濟條件下的勞資關係具有重要的啟示。在改革開放進程中，勞資矛盾日益成為一個主要的社會矛盾，勞資關係也成為牽涉面廣的一種主要社會利益關係。過去，人們談論較多的是資本主義條件下的勞資矛盾，並突出地強調其對立性的一面。而實際上，在社會主義市場經濟的條件下，勞資關係可以擺脫利益對立的傳統框架，構建新型勞資夥伴關係，形成勞資利益共同體。國有控股混合所有制企業實施員

第七章　混合所有制企業員工持股研究

工持股試點，有助於我們更好地認識社會主義市場經濟條件下勞資矛盾的性質。處理好勞資關係，事關改革開放大局。員工持股改革為有效協調投資者和勞動者的利益關係，營造和諧的社會環境和氛圍，提供了方向和路徑。

(二) 建立長效激勵約束機制

開展員工持股改革，有利於企業完善利益共享、風險共擔的長效激勵約束機制，形成員工與企業的利益共同體，增強企業活力。員工持股後，將成為股東，角色的轉換會使他們更加關心企業的發展。由於持股後企業效益的好壞與員工的利益息息相關，因而員工不再是傳統意義上的打工者，他們的主人翁意識將得到加強，工作熱情將更高。企業在構建發展成果共享的機制後，將獎勵為公司持續做出貢獻的員工，讓員工分享改革紅利，反過來又會激勵員工不斷地為企業創造更多的價值，促進企業的發展。

(三) 吸引和留住人才

開展員工持股試點，有利於提高國有企業對於優秀人才的吸引力，保持高端人才隊伍的穩定性。當前，許多優秀人才向民營企業和外資企業流動，除了非國有企業的發展空間較大外，優厚的福利薪資制度也較有吸引力。因此，國有企業要避免人才的流失，就必須在體制機制上有所創新，而試點員工持股作為國有企業改革的一個亮點，將有助於企業吸引和留住人才，充分調動員工的積極性和創造性，提升企業的核心競爭力。

(四) 有利於完善公司治理

員工持股計劃是現代企業制度的重要組成部分，它能優化國有企業的股權結構，完善公司的治理機制。實行員工持股計劃，將在企業內部引入一種新的力量和新的動力機制。當員工成為股東後，將增強主人翁意識，發揮工作的積極主動性，並加強對企業的監督，從而有助於提升國有企業效率，形成國有企業內部的約束機制，促進企業的決策更加科學民主，防止和抑制腐敗。

(五) 有利於調整收入分配

穩定和增加普通員工的收益，是國有企業改革中的一個核心問題。試

點員工持股，將讓普通員工分享企業改革的紅利，進一步縮小企業內部的收入差距，有效降低改革阻力。員工持股改革應納入企業的薪酬制度改革，使員工成為股東，享有資本性財產。在國有企業中，員工不但可以通過勞動獲得工資性收入，還可通過股份分紅獲得資本性收入。在薪酬構成中，工資和獎金屬於短期性收入，員工持股分紅則是長期收入，對企業的長期發展有利。

四、新一輪員工持股改革的特徵

與以往員工持股改革不同，新一輪員工持股改革的目標更高，旨在建立健全長效的激勵約束機制，激發國有企業活力，在總結過去的改革經驗和教訓的基礎上，嚴防國有資產流失。新一輪員工持股改革呈現出以下十一個特徵。

（一）以崗定股

《意見》指出，要堅持以崗定股的原則。《意見》對持股員工範圍進行了限制，明確了參與持股人員應為在關鍵崗位工作並對公司經營業績有直接或較大影響的科研人員、經營管理人員和業務骨幹。這顯然是汲取了以往的員工持股改革經驗和教訓，既避免了「大鍋飯」性質的全員持股，從而是福利而不是激勵，有利於解決企業經營業績提升緩慢的問題，又避免了經營層持股容易導致國有資產流失的問題。新一輪員工持股改革強調勞動與資本相結合，激勵在關鍵崗位為企業做出重要貢獻的個人。

（二）動態調整

《意見》對股權管理做了進一步規範，指出實施員工持股，應設定不少於36個月的鎖定期。在公司公開發行股份前已經持股的員工，不能在公司首次公開發行時轉讓股份，並承諾自上市之日起鎖定期不少於36個月。在鎖定期滿後，公司董事和高級管理人員每年可轉讓股份不得高於所持股份總額的25%。這樣可避免員工持股的短期行為，防止上市後減持套現，一賣了之，達不到長期激勵的目的。

《意見》還指出，員工因辭職、調離、退休、死亡或被解雇等原因離開公司的，應將所持股份在12個月內進行內部轉讓。員工將股份轉讓給持股平臺、符合條件的員工或非公有資本股東的，價格由雙方協商確定；將

股份轉讓給國有股東的，轉讓價格不得高於上一年審計的每股淨資產。對於上市的國有控股公司，員工轉讓股份按證券監管有關規定辦理。動態調整強調持股員工應做到進退有序，員工離開企業後不應再持有公司的股份，這樣便於新進人員能夠獲得股份，以體現在崗人員才能持有股份的原則。當員工崗位因調整而發生變化時，員工所持股份也應隨之做相應的調整，真正做到讓符合條件的員工持有股權，持續調動員工的積極性和創造性，防止股權僵化。

(三) 優先支持科技型企業展開員工持股

《意見》指出，要優先支持人才資本和技術要素貢獻占比較高的轉制科研院所、高新技術企業、科技服務型企業（以下統稱科技型企業）開展員工持股試點。科技型企業以科技人員為主體，是從事高新技術產品的研發、生產、銷售及技術服務的經濟實體，是推進中國科技創新的重要力量。與資本密集型和勞動密集型企業相比，科技型企業的人力資源和技術要素產出貢獻率較大，更加依賴人力資本。在科技型企業中實施員工持股，能突出人力資本的價值，吸引並留住人才隊伍，更好地發揮國有企業在實施創新驅動發展戰略中的引領作用。

(四) 確定了開展員工持股試點的企業層級

《意見》指出，中央企業二級（含）以上企業，各省、自治區、直轄市及計劃單列市和新疆生產建設兵團所屬一級企業，原則上暫不開展員工持股試點。與以往的改革相比，《意見》縮小了試點範圍。之所以做此規定，主要是因為中央企業集團公司及其二級子企業、省級國有一級企業具有以下特點：

(1) 企業資產規模較大，從業人員較多，業務種類繁多。

(2) 大部分屬於國有獨資企業，且主要職能為資本管控，具體經營層面更多是在中央企業三級子企業和省級國有企業二級子企業以下。

(3) 不少企業經營業務涉及關係國家安全和國民經濟命脈的重要行業和關鍵領域。

由於這些特點，在中央企業二級以上企業及省級國有一級企業實施員工持股操作較複雜。因而，此次員工持股試點會選取資產規模相對適中、業務種類相對較少、涉及人數不多且不涉及國家安全和國民經濟命脈的企業進行。

（五）堅持試點先行

《意見》指出，員工持股要嚴格試點條件，並限制試點數量，以防止「一哄而起」。要選擇少量企業開展試點，國務院國資委從中央企業所屬子企業中選擇10戶企業，各省、自治區、直轄市及計劃單列市和新疆生產建設兵團分別選擇5~10戶企業，開展首批員工持股試點。各履行出資人職責機構要嚴格審核試點企業申報材料，做到成熟一戶開展一戶，在2018年年底將進行階段性總結，並視情況適時擴大試點。由此可見，此次員工持股改革體現了穩妥推進的基調，不會片面追求數量和指標，意在防止國有資產流失。

（六）貨幣出資

《意見》對員工出資做了規定，指出員工入股應以貨幣出資為主，並按約定足額繳納。試點企業和國有股東不得向員工無償贈予股份，不得向持股員工提供墊資、擔保和借貸等財務資助，同時持股員工也不得接受與試點企業有生產經營業務往來的其他企業的借款或融資幫助。這些規定顯然是總結了過去的經驗和教訓，防止不當入股，也防止國有資產流失和內部人控制。

（七）增量引入

《意見》指出，員工持股主要採取增資擴股和出資新設方式開展員工持股。以增量改革的方式推進員工持股，不僅不會減少國有存量資本，還能新增國有企業的資本金。增量引入方式避免了可能發生的利益輸送，防止了國有資產的流失，也避免了對國有企業存量改革不必要的爭議。從實踐來看，通過國有資本與非公有資本共同出資新設國有控股的混合所有制企業，並同步引入員工持股，是一種值得推廣的模式。

（八）持股比例有所下降

《意見》要求，員工持股總量不高於公司總股本的30%，單一員工持股比例不高於公司總股本的1%。與以往相比，此次員工持股改革規定的持股比例有所下降。一是因為新一輪員工持股改革是在國有控股混合所有制企業中開展，排除了國有獨資企業和國有參股企業；二是避免管理層占大股，防止企業被少數人控制。從中國國有企業的實際情況來看，中央企

業的資產規模較大，地方國有企業的資產規模相對較小。在股權多元化的情況下，要保證國有股東的控股地位，需要確定合理的持股比例。

(九) 持股方式新增資產管理計劃

《意見》指出，員工持股可以個人名義直接持股，也可通過公司制企業、合夥制企業和資產管理計劃等持股平臺持有股權，持股平臺不得從事除持股以外的其他經營活動。採取資產管理計劃方式持股的，不能使用槓桿融資。與以往改革相比，員工持股方式新增了資產管理計劃，與國有控股的上市公司持股方式相一致，使得員工持股方式更加完備。2014年證監會發布的《關於上市公司實施員工持股計劃試點的指導意見》明確指出，上市公司可以自行管理員工持股計劃，也可以將員工持股計劃委託給具有資產管理資質的機構管理。

(十) 統籌性較強

《意見》是《關於深化國有企業改革的指導意見》的配套文件之一，而不是一項孤立的改革政策。與過去的員工持股改革不同，新一輪員工持股試點與國有資產管理體制改革和完善、國有企業發展混合所有制經濟、防止國有資產流失、國有企業功能界定與分類等國有企業改革事項聯繫緊密，目標定位更高，需要統籌加以推進。

(十一) 嚴防國有資產流失

針對開展員工持股試點可能出現的國有資產流失風險，《意見》提出了一系列防範措施。

一是信息公開，要求員工持股改革試點企業將持股員工範圍、持股比例、入股價格、股權流轉、審計評估等重要信息在企業內部充分披露，以保障員工的知情權和監督權。

二是規範關聯交易，國有企業不得向本企業集團內的員工持股企業輸送利益，有關的關聯交易應由一級企業以適當方式定期公開，並列入負責人經濟責任審計和財務審計內容。

三是強化監督管理，各履行出資人職責機構要對試點企業進行定期跟蹤檢查，及時糾正不規範行為。試點過程中導致國有資產流失或嚴重侵害企業職工合法權益的，要追究相關責任人的責任。

五、員工持股需要關注的問題

（一）不是「一持就靈」

員工持股並不是新鮮事。早在20世紀80年代，就有國有企業嘗試員工持股改革。此後，員工持股改革不斷進行，直到2005年因國有資產流失而被叫停。總的來說，職工持股對調動企業員工積極性、激發企業活力方面起到了一定的作用。但從全國來看，也有失敗和教訓。有些實施職工持股改革的企業，出現了內部職工股超範圍、超比例的現象；有些企業在實施員工持股改革的過程中，國有資產流失嚴重；有些企業實施全員持股或福利持股，「大鍋飯」思想嚴重，新的平均主義出現；有的企業員工持股改革注重形式，企業經營機制未有實質性改變；有的企業在設計股權制度時，未考慮退出機制，導致後期出現很多遺留問題。因此，員工持股是一項複雜的工程，涉及面廣，不能得出國有企業只要員工持股就一定能提高效益的結論。

（二）國有企業和民營企業產權結構不同

目前，中國有很多民營企業都實施了員工持股計劃。但國有企業和民營企業的產權結構差異較大，國有企業由於產權歸國家所有，因此在實施員工持股上與民營企業有很大的不同，需要在激勵機制和防止國有資產流失上下足功夫，需要完善相關的體制機制。民企實施員工持股計劃不存在國有資產流失的問題，而國有企業實施員工持股計劃會有背負國有資產流失的顧慮，因此政府要採取多種措施避免國有資產流失，消除改革的疑慮。此外，由於國有企業的經營團隊有很大的話語權，要防止激勵員工的持股計劃演變成一部分高管的盛宴，使少數人獲得大部分「原始股」或實現對企業的實際控制。

（三）上市可能受到影響

目前，實施員工持股的混合所有制企業上市受到相關法律條款的約束。中國《公司法》規定，設立股份有限公司應當有2人以上200人以下為發起人，設立有限責任公司由50個以下股東出資設立。證監會規定，除了少數經中國人民銀行批准的金融企業外，上市前持股職工的人數超過

200 人的，一律不得上市。此外，公司有工會持股、持股會以及個人代持等現象的，也不準上市，除非在上市前予以清理。對於新一輪改革優先支持開展員工持股試點的轉制科研院所、高新技術企業、科技服務型企業而言，由於人才資本占比較高，實施員工持股改革後股東很多都會超過上述人數限制，「人數超限」成為公司上市的攔路虎。

(四) 員工的績效考核制度需要完善

新一輪員工持股改革堅持以崗定股、動態調整的原則，因而國有企業實施員工持股計劃必須有規範的績效考核制度。只有通過績效考核制度加以區別，企業才能確定員工為企業所做貢獻的大小，從而給予相應的股份激勵。否則，就可能重回過去改革的老路，比如按工齡、年齡、職務、學歷、職稱等因素為員工配股，出現持股固化僵化。在這方面，國有企業可向民營企業學習和借鑑。以華為公司為例，華為公司每年會根據員工的工作水平和對公司的貢獻，決定其獲得股份的份額。通過不斷調整股票的分配數額，華為公司保持了整個公司的活力，激發了員工特別是新員工的主動性和創造性。

(五) 要取得非持股員工的支持

新一輪員工持股改革明確了持股員工範圍，即不實行全員持股，而是在關鍵崗位工作並對公司經營業績和持續發展有直接或較大影響的科研人員、經營管理人員和業務骨幹持股。員工持股計劃實際上將員工分為兩類：持股員工和非持股員工。從效率與公平的角度來看，關鍵崗位的員工持股可提高效率，但非關鍵崗位的員工不能參與持股計劃有失公平。因此，要對非持股員工做好宣傳解釋工作，取得他們的理解和信任。特別是要對《意見》的內容加以詳細說明，讓員工明白新一輪改革的導向，贏得他們對改革的支持，減少改革的阻力。同時，要向非持股員工表明，新一輪員工持股改革採取動態調整的原則，只要員工為企業做出了重大貢獻，未來都有機會參與員工持股改革。

(六) 稅收優惠政策尚需配套

目前中國還沒有專門針對員工持股計劃的稅收優惠政策，在一定程度上影響了員工持股計劃的推進。從國際上來看，稅收支持是開展員工持股計劃的內在要求，稅收優惠是實施員工持股計劃的重要動力。西方發達國

家對員工持股計劃都有相應的稅收優惠政策，包括對員工購買股票和出售股票取得收益的個人所得稅實施減免、對公司給予員工的利益讓渡實施稅收減免等。以員工持股計劃的發源地——美國為例，美國對分配給員工的股票紅利部分和還貸部分均予以免稅，員工在離開公司或退休時得到的股份收益享受稅收優惠。只有建立了相應的稅收制度安排，員工持股改革才能逐漸向國際接軌，並日益成熟和完善。

六、推進員工持股改革的舉措

（一）修改相關法律法規

現行的法律法規對員工持股企業上市有一定的影響，主要是關於人數的限制以及對工會和職工持股會的限制。國有企業實施員工持股改革，不能超越相關的法律法規。因此，當務之急是修改現行的《公司法》和《證券法》等法規，對員工持股人數超過200人的公司出抬相應的政策，為員工持股改革與資本市場相結合奠定基礎，為員工持股改革保駕護航。新一輪改革優先支持科技型企業和高新技術企業開展員工持股，《公司法》等應根據新的形勢進行修改和完善，以充分利用社會資本來推動科技創新。在完善相關法律法規時，還可借鑑國際上的一些先進經驗和做法。

（二）制定員工持股稅收優惠政策

借鑑西方發達國家的經驗，現階段可對員工持股計劃制定一些稅收優惠政策。一是對銀行因發放員工持股貸款而獲得的利息收入給予稅收優惠，二是對員工因持股獲得的股息收入減免個人所得稅，三是對員工的轉讓股票所得暫免個人所得稅，四是對員工退出持股計劃時給予稅收優惠，五是對大股東贈予股票給員工時實行稅收優惠。員工持股實行稅收優惠，可在某些行業或地區先行試點，再逐漸推廣。另外，考慮到中國國有企業在國民經濟中所占比重較高的特點，員工持股稅收優惠的幅度可比西方發達國家略低一些。

（三）加強股權管理

為充分發揮員工持股的長效激勵作用，應根據員工崗位合理設置持股數量。當崗位發生變動時，持股數量也要做相應的調整。國有企業可將崗

位分為不同的等級，比如一至十級，並設計相應的持股份額。根據員工的工作表現，企業還應定期重新確定崗位的等級，以調動員工的積極性和主動性。股權的設置要體現「能上能下」的原則，而不是一成不變，固化僵化。當員工崗位晉級時，應增加持股；當崗位降級時，應減少持股；當人調離企業時，應退出所持股份；當員工退休後，應將所持股份轉讓給符合條件的員工或持股平臺。

(四) 適時設置虛擬股

隨著時間的推移，企業發展的壯大，員工人數日益增多，原有的股權設計可能不能滿足新增員工的需要，此時可根據情況考慮是否設置虛擬股。虛擬股可參照員工持股制度，對符合持股條件的新增員工，在崗位等級上設置相應的虛擬股數量。虛擬股不實際持股，不是真正意義上的股東。但虛擬股和正式持有股權的員工一樣享有分紅權和股份增值權，只是沒有所有權和表決權。虛擬股和實股之間應建立轉換機制，當員工退休時，所持有的實股可按規定價格轉讓給持有虛擬股的新增骨幹員工。

(五) 均衡多方利益

實施員工持股計劃後，員工將成為公司的股東，在董事會中佔有一定的席位。通常，員工持股計劃會選舉特定的人（比如公司核心管理人員）作為股東代表和董事代表。這樣，混合所有制企業的股東就包括國有股東、民營股東、外資股東、員工股東等諸多股東，各個股東都要在董事會中表達自身的利益訴求。因此，企業實施員工持股計劃，需要均衡多方的利益，董事會要形成各主體達成共識的議事規則和運作流程。要充分權衡企業的長遠發展和員工的短期收益要求，制定合理的利潤分配方案，處理好企業投資和員工分紅之間的關係。

(六) 與混合所有制改革同步推進

新一輪員工持股改革堅持增量引入的原則，主要採取增資擴股和出資新設方式開展員工持股。因此，國有獨資企業在和民營企業、外資企業等合資新設混合所有制企業時，可同步開展員工持股改革。現實中，國有企業在引入外部戰略投資者時，外部投資者往往也會要求開展員工持股計劃，實現管理層和核心人才的長期激勵，使個人利益和企業利益相一致。新設混合所有制企業實施員工持股，要做到「同股同價」。員工入股價格

要與民營企業等非國有股東入股價格一致，不能打折扣，實行所謂的「員工內部價」。同時，還要做到「同股同權」，企業破產清算時，持股員工、國有股東和民營股東等以出資額為限，按比例承擔責任。

(七) 與薪酬改革相結合

實施員工持股改革，可與國有企業的薪酬制度改革相結合，在員工獲得勞動性工資收入的同時，也能獲得股份財產性收入，從整體上增加員工的收入。企業在確定員工收入時，要綜合考慮中長期激勵和短期激勵。既不過分拉大即期收入上的差距，又立足長遠，體現對關鍵崗位人才給企業做出的貢獻的激勵。對於新一輪改革提出的「黨中央、國務院和地方黨委、政府及其部門、機構任命的國有企業領導人員不得持股」問題，企業在制定薪酬制度時也應充分考慮，從其他方面予以激勵，以調動這些企業領導人的積極性。

七、典型案例分析：綠地集團員工持股研究

綠地集團以房地產為主業，是中國第一家躋身《財富》世界500強的綜合性企業集團，並在中國以房地產為主業的綜合性企業集團排名中居第1位。綠地集團是上海市國有控股特大型企業，已形成「以房地產為主業，能源、汽車、金融等相關產業共同發展」的多元化產業格局。作為混合所有制改革的樣本，綠地集團備受關注。

1992年，上海農委與建委各出資1 000萬元，成立綠地開發總公司。

1997年，綠地總公司作為現代企業制度試點單位，改制為有限責任公司，並設立了職工持股會，向職工募集股本金3 020.43萬元，職工持股比例達18.88%。

此後，綠地集團經歷了數輪增值及股權更迭。

2013年1月，綠地集團實施增資擴股並醞釀整體上市。此輪增資擴股後，職工持股會總共持有36.43%的股份，成為綠地集團的第一大股東。

2013年12月，綠地成功引入了平安創投等5家戰略投資者，職工持股會持股比例降為29.09%。在引進投資者的同時，職工持股會的清理工作開始進行。

依照證監會規定，職工持股會由於不具有法人資格，因而不能成為上市公司股東和發起人。與此同時，綠地集團的持股員工達982人之多，遠

第七章　混合所有制企業員工持股研究

超過未上市股份公司 200 個股東的人數限制。要開啓借殼上市之路，綠地集團首先要清理持股會。

2014 年 3 月，綠地集團借殼金豐投資的預案揭曉，最大的亮點在於提出了一種規範超過 200 人的職工持股會的方案。

根據金豐投資公布的《重大資產置換及發行股份購買資產暨關聯交易預案》，2014 年 2 月，綠地管理層 43 人出資 10 萬元設立了一家名為「格林蘭投資」的管理公司，作為上海格林蘭投資企業的執行合夥人；全體持股會成員與格林蘭投資成立 32 家有限合夥（以下簡稱「小合夥企業」）：上海格林蘭壹投資管理中心（有限合夥），上海格林蘭貳投資管理中心（有限合夥）……直至上海格林蘭叁拾貳投資管理中心（有限合夥），其中格林蘭投資作為小合夥企業普通合夥人，全體持股會會員作為小合夥企業有限合夥人；格林蘭投資和 32 家小合夥企業出資再組建成立一家有限合夥企業（以下簡稱「大合夥企業」）上海格林蘭；大合夥企業上海格林蘭成立後，通過吸收合併職工持股會的方式承接職工持股會的全部資產、債權債務等；大、小合夥企業及其全體合夥人委託管理公司格林蘭投資及投資管理委員會全權代表參與制訂和實施具體的上市計劃。職工持股會規範後，綠地集團的持股架構如圖 7-1 所示。

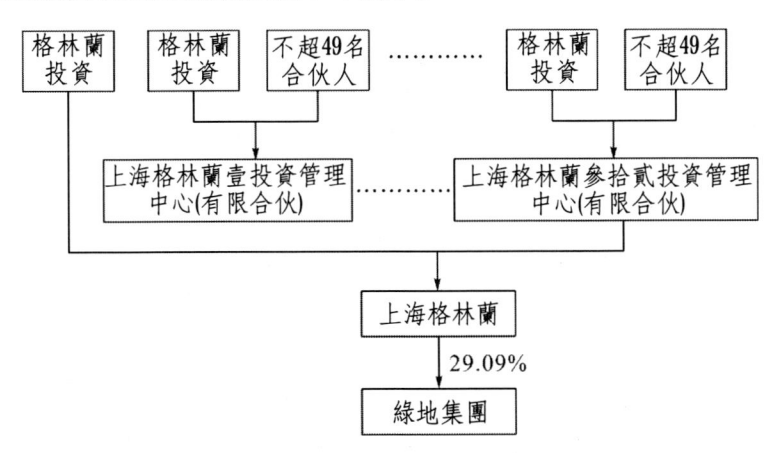

圖 7-1　綠地集團的員工持股架構

數據來源：上市公司年報。

在有限合夥公司中，有限合夥人不參與企業運作，只享受利潤分配。公司管理由管理人來負責，借此，格林蘭投資實現對上海格林蘭的控製，進而實現對上市公司的控製。

上海格林蘭承接了職工持股會在綠地的持股。由於持股員工人數眾多，而現行法律框架規定合夥企業合夥人不能超過 50 人，於是上海綠地管理層成立多家有限合夥企業來吸收超出規定的員工持股，並以第三方投資公司來管理上述合夥企業，承接員工持股會機制。這種雙重有限合夥模式有利於解決職工持股會的非法人地位。

綠地集團關於員工持股方式的探索，對於企業清理持股會或新設員工持股計劃，都具有重要的參考價值和借鑑意義。

第八章
完善現代企業制度研究

黨的十八屆三中全會提出，要推進國有企業完善現代企業制度，建立健全協調運轉和有效制衡的公司法人治理結構。要建立職業經理人制度，以更好地發揮企業家作用。要深化企業內部管理人員能上能下、員工能進能出、收入能增能減的制度改革。2015年9月下發的《關於深化國有企業改革的指導意見》（以下簡稱《指導意見》）指出，要完善現代企業制度，推進公司制、股份制改革，健全法人治理結構，建立國有企業領導人的分類分層管理制度，實行與市場經濟相適應的企業薪酬分配制度，深化國有企業內部用人制度改革。以上這些要求，為新時期國有企業完善現代企業制度指明了方向。

一、有關建立和完善現代企業制度的回顧

1993年11月，黨的十四屆三中全會在北京召開。全會報告指出，國有企業要轉換經營機制，並建立現代企業制度。

1999年9月，黨的十五屆四中全會通過了《中共中央關於國有企業改革和發展若干重大問題的決定》，提出推進國有企業改革和發展必須建立現代企業制度，要求國有企業實現產權清晰、權責明確、政企分開、管理科學，並健全決策、執行和監督體系，以使企業成為自主經營和自負盈虧的法人實體和市場主體。建立和完善現代企業制度要從國情出發，突出抓好四個環節。一是繼續推進政企分開，二是積極探索國有資產管理的有效形式，三是對國有大中型企業實行規範的公司制改革，四是面向市場著力轉換企業經營機制。

2002年11月，黨的十六大在北京召開。大會報告指出，國有大中型企業要按照現代企業制度的要求，繼續推行公司制改革，完善企業的法人治理結構。

2003年10月，黨的十六屆三中全會在北京召開。全會報告指出，要完善公司法人治理結構，依照現代企業制度要求，規範公司的股東會、董事會、監事會和經營管理者的權責，並完善企業領導人員聘任制度。

2007年10月，黨的十七大在北京召開。大會報告指出，要深化國有企業公司制股份制改革，健全國有企業現代企業制度，增強國有經濟的活力、控製力和影響力。

2013年11月，黨的十八屆三中全會在北京召開，全會通過了《中共

中央關於全面深化改革若干重大問題的決定》，提出要推動國有企業完善現代企業制度。

2015年9月，黨中央、國務院下發了《關於深化國有企業改革的指導意見》，要求完善現代企業制度。

二、完善現代企業制度的重要意義

黨的十八屆三中全會提出，要適應市場化和國際化的新形勢，推動國有企業完善現代企業制度。這是新時期黨中央對國有企業改革的新要求，是國有企業增強活力和競爭力、提高發展質量的有效途徑和必然選擇，對完善社會主義基本經濟制度和市場經濟體制具有重要的意義。

自改革開放以來，黨中央始終把國有企業改革作為經濟體制改革的中心環節，對國有企業改革做出了一系列重要決策部署。經過30多年的探索，國有企業改革不斷深入，國有企業經營機制和管理體系等都發生了較大變化，現代企業制度建設取得了顯著的成效。許多國有企業完成了公司制股份制改造，多數企業建立了股東會、董事會和監事會等機構。公司治理結構進一步規範，董事會在公司治理中發揮著越來越重要的作用，企業內部選人用人機制和薪酬分配制度改革不斷深化。一大批國有企業完成了股權多元化，形成了股份有限公司。適應市場經濟的激勵約束機制正在建立，企業經營效率明顯提升。一批國有企業在市場中成長壯大，創新能力和競爭力不斷提高。政企分開和政資分開制度框架基本形成，國資管理體制逐步完善，國有企業初步成為市場主體。總的來看，國有企業活力不斷增強，國有經濟發展質量明顯提升，在經濟社會發展中起到了重要作用。

目前，中國經濟社會發展已經步入新常態。與新形勢下的要求相比，國有企業在現代企業制度建設方面還不夠完善。一是集團公司層面公司制股份制改造進展緩慢；二是公司法人治理結構的一些深層次問題沒有解決，內部制衡機制尚未有效形成，一些企業董事會形同虛設，國資監管機構、董事會和經營管理層之間的關係尚需進一步理順；三是職業經理人選聘比例偏低，職業經理人市場不夠發達，企業的經營者缺乏市場化退出通道；四是政企不分和政資不分問題還不同程度存在，政府審批事項仍然較多，企業的市場主體地位薄弱；五是國資分類監管和考核機制有待進一步完善，企業活力需要進一步增強。

深化改革是國有企業提高發展質量的動力，是可以用好的最大紅利。

完善現代企業制度是國有企業改革的方向，是增強國有企業競爭力和提高國有資源配置效率必須加強的微觀制度基礎。只有完善現代企業制度，才能進一步激發國有企業活力，奠定經濟發展方式轉變的基礎，推動基本經濟制度和社會主義市場經濟體制不斷完善。

三、新時期完善現代企業制度的要求

與以往改革相比，《指導意見》在繼承原有的有關現代企業制度政策的基礎上，結合當前的新形勢，對完善現代企業制度提出了新的要求。

（一）加大集團層面公司制的改革力度

積極引入各類投資者實現股權的多元化，爭取和創造條件實現集團公司整體上市。根據國有企業的不同類別和功能定位，調整國有股權比例，形成股權結構多元和運行高效的經營機制。允許將部分國有資本轉為優先股，在少數特定領域建立國家特殊管理股制度。

（二）強化董事會建設

要切實維護董事會依法行使重大決策、選人用人、薪酬分配等權利，保障經理層的經營自主權，法無授權任何政府部門和機構都不得干預。國有獨資、全資公司的董事會和監事會應有職工代表，外部董事在董事會中的席位應占多數。加強外部董事隊伍建設，拓寬其來源渠道。

（三）建立國有企業領導人分類分層管理制度

根據不同的國有企業類別和層級，實行選任制、委任制和聘任制等不同的選人用人方式。大力推行職業經理人制度，暢通現有經營管理者與職業經理人之間身分的轉換通道，董事會按照市場化方式選聘和管理職業經理人，增加市場化選聘比例，並加快建立退出機制。

（四）實行與市場經濟相適應的薪酬分配制度

企業內部的薪酬分配由企業依法依規自主決定，要建立健全與勞動力市場基本適應、與企業經濟效益及勞動生產率掛鉤的工資決定和正常增長機制。對黨中央、國務院和地方黨委、政府及其部門任命的國有企業領導人，合理制定基本年薪、績效年薪和任期激勵收入。對市場化選聘的職業

第八章　完善現代企業制度研究

經理人實行市場化的薪酬分配機制,可以採取多種方式完善中長期激勵機制。

(五) 深化用人制度改革

建立健全企業管理人員公開招聘和競爭上崗等制度,對特殊人員可通過人才仲介機構推薦等方式,拓寬選人用人渠道。建立分級分類的員工市場化招聘制度,切實做到信息公開。構建和諧的勞動關係,依法規範企業用工管理,健全以崗位管理為基礎的市場化用工制度,形成管理人員能上能下、員工能進能出的人才合理流動機制。

四、國有企業獨立市場主體研究

在傳統的計劃經濟體制下,國有企業作為政府的附屬物,政府可以干預企業的日常經營活動,導致政企不分,沒有人對企業經營好壞負責。這種情況使國有企業對政府依賴嚴重,難以成為獨立的市場主體。改革開放後,中國實行社會主義市場經濟,國有企業改革不斷深入推進,國有企業逐步融入市場。新形勢下,把國有企業打造成為獨立的市場主體,充分調動企業經營管理者和職工的積極性,激發和釋放企業的活力,提高市場競爭力,促進國民經濟持續健康發展,成為深化國有企業改革的出發點和落腳點。

(一) 獨立市場主體的要求

國有企業要按照市場化要求實行商業化運作,獨立自主開展生產經營活動,實行優勝劣汰和有序進退。

1. 經營機制市場化

國有企業作為獨立的市場主體,經營機制必須適應市場經濟要求。要按照市場決定資源配置的要求,完善公司治理機制,建立靈活的經營機制,使國有企業成為充滿生機活力的市場主體。

2. 董事會具有完整的權利

國有企業是不是真正的市場主體,關鍵在於董事會的權力有沒有按照《公司法》的要求賦予。根據《公司法》,董事會具有制定發展戰略、任免高層管理者、決策重大事項等權力。其中,高層管理者的任免決定著董事會的市場主體定位。董事會的權力是衡量國有企業市場化水平的重要因

素，如果董事會沒有經營層的任免權，或者只有部分任免權，那麼董事會的權力就不完整，其市場主體定位就沒有到位。對經營管理者，應由董事會按照市場化方式選聘，並按市場化方式退出。

3. 薪酬市場化

國有企業作為獨立的市場主體，應能夠根據市場情況自主決定薪酬，並進行相應的考核。對市場化選聘產生的經營管理者，其薪酬要與市場接軌，而不是由政府確定。通過市場化的薪酬，將企業的績效和經營管理者的薪酬掛勾，增加經營管理者的使命感和責任感，吸引和留住人才，提升工作效率。

（二）成為獨立市場主體需關注的問題

1. 出資人法人財產權意識不強

很多出資人缺乏企業法人財產權這一概念，簡單地認為企業資產就是出資人的，而國資委就等於出資人。事實上，企業法人財產所有權是指法律賦予公司法人對自身的法定財產所享有並行使的權利，包括佔有權、使用權、處置權以及財產收益分配權。企業經營自主權是建立在企業法人財產權之上的，沒有法人財產權也就無所謂經營自主權。出資人代表履行股東職責，應在強化企業法人財產權意識的前提下，落實好企業的經營自主權，處理好股東權利與企業法人財產權的關係。

2. 企業經營自主權不同程度地被剝奪

當前，國資監管機構還未完全按照股東的身分履行出資人職責，還未能真正做到所有權與經營權相分離。一些地方仍然習慣於以行政方式監管企業，包括對股東會、董事會甚至經理層都有不同程度的干預，管理越位的現象時有發生，導致企業的經營自主權被不同程度地剝奪，不利於企業的發展。在實際工作中，國資監管機構對所出資企業重大事項參與的廣度和深度大大超過相關法規的規定。不少國資監管機構將參與方式定位為審批，有的甚至將出資企業的投資、產權交易、資產重組、設立子公司、對外擔保等都納入審批範圍，而且審批程序複雜，週期較長。

3. 經營層的任免權掌握在黨委、政府手中

目前，許多國有企業經營層的任免權仍掌握在黨委、政府及其職能部門手中，董事會的權力沒有得到充分維護。即使是中央企業高管的公開選聘活動，很多也是由組織部、國資委等部門聯合舉辦的，而不是由中央企業的董事會獨立自主進行的。由於董事會沒有對經理層實質上的任免權，

第八章　完善現代企業制度研究

不能自主地選擇經理層，因而不能形成有效制約，企業未能真正按照市場化要求運作，董事會的重大決策權不能得到充分發揮，重大決策在執行上也存在一定問題。

4. 改革涉及利益調整

當前，全面推開國有企業設立規範的董事會工作尚有障礙。國資監管機構下放權力給企業的董事會，將觸及自身的利益。改革試點的全面推開，還需要國資監管機構轉變觀念，加強服務意識。對地方國資委而言，由於監管的國有企業數量較少，下放權力給企業的董事會，將會在很大程度上調整現有的利益格局，這需要極大的勇氣。國有企業要成為獨立的市場主體，享受到真正意義上的市場化權力，可能會有一個逐步被賦予權力的過程。

（三）加快國有企業成為獨立市場主體的舉措

要促使國有企業成為依法獨立自主經營、自負盈虧、自擔風險、自我約束、自我發展的獨立市場主體，需要採取一系列措施加以推進。

1. 明確國有企業市場定位

國有企業與民營企業、外資企業一樣，都是企業，都應做獨立的市場主體。從本質上講，國有企業只是市場競爭主體的一個組成部分，因此要將國有企業與民營企業、外資企業放在同一起跑線上，鼓勵國有企業參與市場競爭，成為市場競爭主體。對國有企業考核，同樣要按照市場化的方式進行。對國有企業董事會要充分授權，讓董事會能夠按照《公司法》的要求來管理企業。對國有企業的重大投資經營決策，企業可根據自身對市場的判斷，由董事會做出決定。政府不再干預，但國有股東可在董事會中充分表達意見。

2. 國有企業在政策上不再享有優惠

國有企業如果老是依靠政府支持，則不能得到長足發展。國有企業特別是主業處於充分競爭的商業類國有企業，與民營企業和外資企業一同參與市場競爭，應充分體現公平競爭的原則。在同一市場中，不應再區分國有資本、民間資本和外國資本，國有資本和非國有資本都應享受同等的待遇。在融資問題上，應堅持普惠制金融的原則，國有企業不應再享有特權，廣大中小微民營企業都應享有同等的權利，避免出現民營企業融資難、融資貴的問題。在市場准入上，應降低門檻，讓民營企業能夠進入更多的領域，參與市場的競爭。國有企業和民營企業同為中華民族企業，所

有的政策都應是同等的。

3. 進一步簡政放權

國資監管部門應加快職能轉變，進一步簡政放權，確保企業擁有獨立的法人財產權和經營自主權。國有企業首先是企業，有自身的發展規律，政府不應進行行政干預。國資監管機構應加強國有企業董事會的建設，並繼續下放權力給企業董事會，包括由董事會來組織選聘經理人員，由董事會決定經理人員的薪酬，並對經理人員進行經營業績考核等。通過賦予董事會完整的權利，使董事會能夠真正履行好職責，使企業成為獨立的市場主體。國資監管部門下放權力後，將不再直接管理企業，重點是監管國有資本的保值增值。

4. 理順國有股東與企業的關係

國有、集體、民營、外資等不同性質的股東，享有同等的法律地位和出資人資格。政府通過委派出資人代表按制度行事，不干預企業自主經營，不對企業下達行政命令。國有資產出資人以產權管理為紐帶，通過公司治理管好資本。國有股東按照出資額大小及佔有的比例，依照《公司法》和企業章程的規定，履行出資人職責。國有股東要依法行使股東權利，認真履行股東義務，通過董事會表達意見，不直接管理經理層，切實維護企業在人員、資產、財務和業務方面的獨立性。

五、國有企業推行職業經理人制度研究

黨的十八屆三中全會指出，「國有企業要建立職業經理人制度，更好地發揮企業家作用」「國有企業要合理增加市場化選聘的比例，合理確定並規範企業管理人員薪酬水平、職務待遇、職務消費和業務消費」。中共中央、國務院《關於深化國有企業改革的指導意見》（中發〔2015〕22號）（以下簡稱《指導意見》）明確提出，要根據不同企業的類別和層級，對國有企業領導人實行選任制、委任制、聘任制等不同選人用人方式。要推行職業經理人制度，並暢通現有經營管理者與職業經理人的身分轉換通道。董事會用市場化方式選聘和管理職業經理人，合理增加市場化選聘的比例，加快建立市場退出機制。對市場化選聘的職業經理人，實行市場化的薪酬分配機制。國家關於國有企業改革文件和政策的出抬，為中國國有企業建立職業經理人制度指明了方向。未來，職業經理人在國有企業中的比重將會大幅增加。

第八章　完善現代企業制度研究

(一) 職業經理人的内涵

職業經理人是指通過市場機制選拔產生，受雇於企業，專門從事企業經營管理活動的人員。職業經理人屬於特殊的人力資源群體，具備較好的職業素質和從業能力，其薪水和業績掛勾。職業經理人是伴隨現代企業制度的誕生而產生的，是職業化的企業家，在企業所有權和經營權相分離的情況下，從事企業經營管理活動，完成企業主或股東制定的營運目標，其能力和表現直接決定著企業經營的好壞。職業經理人依照市場規則選擇和管理，原則上實行「能進能出、能上能下」。

職業經理人是現代企業制度的重要標志，它是建立在企業所有權和經營權分離的基礎上的。根據委託代理理論，現代企業的所有者與經營者屬於委託代理關係。企業所有者掌握企業所有權，職業經理人作為代理方受企業所有者的委託行使經營權，二者構成緊密的委託—代理關係。就中國的國有企業而言，若董事會聘請職業經理人來代替其行使經營權，則形成了企業內部的委託—代理關係。董事長通過董事會選聘總經理，可視為委託人；總經理擁有企業經營權，受雇於董事會，是典型的代理人。

(二) 職業經理人的特徵

1. 擁有企業經營權

職業經理人是隨著企業的不斷發展壯大，在現代企業制度建立以後出現的。在企業所有權與經營權相分離的條件下，職業經理人掌握和擁有企業經營權，獨立承擔企業經營風險，並通過自己的勞動獲得合理報酬。這與企業所有者不同，企業所有者更多的是行使重大事項決策權和選舉經營者的權利，一般不干預企業的日常經營活動。對國有企業而言，在董事會充分授權的情況下，職業經理人才能夠發揮自身的才能，自主經營國有企業。

2. 專業化

職業經理人通過系統的管理理論學習和長期的管理工作實踐，擁有專門的職業素質和從業技能，具備必需的專業化知識和豐富的工作經驗，能為企業帶來利潤和效益。職業經理人以經營管理活動作為終身的專業和職業，按照職業化的思維模式完成目標和任務，並在工作中恪守職業道德，充分體現敬業精神、責任意識和忠誠意識，其行為規範與職業標準被社會廣泛認同。

3. 市場化

市場化是指職業經理人可以在不同企業間流動，人力成本在市場中有合理價位。企業通過職業經理人市場選擇合適的經理人，職業經理人通過市場實現合理的流動，雙方通過談判完成雙向選擇。對國有企業而言，選聘的職業經理人已經脫離了國家幹部身分，不再擁有行政編製，不再通過政府任命，其選拔、使用和退出完全由人才市場競爭和供求關係來解決。

（三）國有企業推行職業經理人制度的意義

隨著中國經濟步入新常態，人力資源配置在企業競爭中起著越來越重要的作用。國有企業建立與市場經濟相適應的人力資源配置體系，已成為完善現代企業制度的重要內容。職業經理人制度作為優化企業人力資源配置的重要形式，對中國國有企業的發展至關重要，對新時期深化中國國有企業改革具有重要意義。

1. 它是社會化大生產的必然產物

近年來，隨著中國國有企業的不斷發展，企業資產規模越來越大，內部分工也越來越細，協作關係日益複雜。以往國有企業領導人員多由行政任命產生，通常強調政治過硬。由於這些人缺乏專業知識和相關的企業管理工作經歷，導致國有企業管理水平低下，企業經營效益不高。為適應社會化大生產的要求，越來越多的國有企業建立了現代企業制度，設立了規範的董事會，實行了企業所有權與經營權相分離。具有現代企業經營管理知識和能力的職業經理人應運而生，公開選聘經營管理者成為歷史必然。

2. 它是市場經濟發展的根本要求

隨著中國社會主義市場經濟的不斷發展，市場在資源配置中的決定性作用已經確立。國有企業領導人屬於人力資本，是一種重要的生產要素，也應按市場規律進行資源配置。由行政任命產生國有企業領導人員的做法不符合市場經濟規律，而推行職業經理人制度則能很好地順應市場配置資源的要求。因此，國有企業要參與市場競爭，就必須引入一批職業化、專業化、懂經營、善管理的經營人才，以便激活企業活力，提高企業經營效率。

3. 它是建立現代企業制度的重要標志

中國國有企業改革的方向是建立「產權清晰、權責分明、政企分開、管理科學」的現代企業制度，推行職業經理人制度是建立現代企業制度的重要標志。當前，許多國有企業的領導人由上級任命，依然保留國家幹部

第八章　完善現代企業制度研究

身分，具有行政級別。由於行政任命的官員由上級考核，其升遷由上級相關部門掌握，很容易造成政企不分。特別是國有企業領導人對上級唯命是從，很難適應現代企業制度對經營管理者的要求。因此，新時期迫切需要通過市場化選聘的方式來產生國有企業領導人，增加職業經理人在國有企業領導人中的比例。

4. 它是參與國際競爭的需要

隨著經濟全球化進程的加速，國有企業迫切需要打造一支專業化的職業經理人隊伍來提高企業經營管理水平，以應對日益激烈的國際競爭。職業經理人是一種特殊的人力資源，一個國家的發展離不開一大批職業化的經營者。中國要打造一大批具有國際競爭力的國有骨幹企業，真正實現「走出去」戰略，就必須加快培育成熟的職業經理人市場，建立符合中國國情的職業經理人制度，使一大批具有專業化、職業化和國際化的經營管理者脫穎而出。

5. 它有助於人力資源的優化配置

推行國有企業建立職業經理人制度，有助於推動國有企業領導人管理體制的改革和創新。通過市場化方式選聘符合企業發展需要的管理者和營運團隊，能充分發揮市場機制在人力資源配置中的決定性作用，吸引更多優秀人才進入國有企業工作，實現人力資源配置最優化和企業效益最大化。通過優勝劣汰機制，可對國有企業領導人實行有效的激勵約束。通過職業化的管理模式，制定國有企業領導人的退出機制，可真正做到國有企業領導人員「能上能下、能進能出」。

6. 它有助於政企分開

企業經營層通過行政任命產生還是董事會選聘產生，是真正實現政企分開的重要分水嶺。董事會選聘總經理意味著市場在國有企業治理體系中發揮作用，有助於「去行政化」。市場化選聘按照「公開、公平、公正」的原則產生國有企業領導人，凡是具備條件的優秀人才都有機會參與中央企業或地方國有企業高管的招聘，而不需要通過上級主管部門決定。市場化選聘的國有企業領導人，實行市場化的薪酬，而不是由政府部門確定。因此，市場化選聘的職業經理人與政府並無太多的聯繫，會將更多精力放在企業的發展上。

7. 它有助於提升公司執行力

近年來，許多國有企業都在不斷完善現代企業制度，建立起了規範的股東會、董事會、監事會和經營管理層。要使公司治理結構發揮作用，要

使董事會的決策能夠得到有效執行，公司經理層的執行力尤為關鍵。因此，國有企業需要選擇優秀的經理人來實施經營管理活動。當前，中國經濟已經步入新常態，國有企業面臨的市場競爭日益加劇，對國有企業高管的經營管理水平要求不斷提高，迫切需要選聘一批職業經理人參與國有企業的管理，以適應企業發展的新要求，助推國有企業做大做強做優。

(四) 中國職業經理人的發展歷程

職業經理人誕生於西方發達國家和地區，是隨著企業制度的變遷而產生的。職業經理人在西方發達國家經歷了一個漫長的發展過程，先後實現了從古典業主式管理、近代公司制管理到現代企業制管理的過渡。

與西方發達國家相比，中國的職業經理人發展起步較晚，職業經理人市場還不夠成熟，職業經理人制度還有待進一步建立和完善。

中國職業經理人的雛形最早可追溯到 18 世紀末。1790 年浙江金華蘭溪的祝裕隆布店業主祝丹山委任某徽商代為經營管理布店，實現了業主與經理職務相分離。明清時期，晉商建立了帶有經營權與所有權分離色彩的「東家出資」「掌櫃經營」的企業運行機制，明確了掌櫃在責任範圍內的經營活動，東家不得干涉。

而中國真正意義上的職業經理人，則產生於中國實行社會主義市場經濟以後。

20 世紀 90 年代中後期開始，職業經理人問題在國內引起廣泛關注。隨著 1994 年《公司法》的頒布、國有企業提出建立現代企業制度、2001 年中國加入 WTO 等一系列重大事項的施行，國內對職業經理人的需求不斷增加，職業經理人隊伍建設上升到國家層面。

2002 年 5 月，中共中央辦公廳、國務院辦公廳聯合印發了《2002—2005 年全國人才隊伍建設規劃綱要》，提出要建設一支職業經理人隊伍，「職業經理人」在國家文件中首次出現。

2003 年 12 月，《中共中央國務院關於進一步加強人才工作的決定》正式發布，提出要發展企業經營管理人才評價機構，探索建立社會化職業經理人資質評價制度。

2010 年 6 月，中共中央、國務院聯合發布了《國家中長期人才發展規劃綱要 (2010—2020 年)》，提出要以戰略企業家和職業經理人為重點，加快推動企業經營管理人才職業化、市場化、專業化和國際化。

2013 年 11 月，黨的十八屆三中全會通過了《中共中央關於全面深化

改革若干重大問題的決定》，提出要建立職業經理人制度，以便更好地發揮企業家的作用，標志著職業經理人制度建設進入國家頂層設計。

2015年9月，中共中央、國務院《關於深化國有企業改革的指導意見》（中發〔2015〕22號）出抬，提出要推行職業經理人制度，實行內部培養與外部引進相結合，暢通現有經營管理者和職業經理人身分轉換的通道，董事會按照市場化方式選聘和管理職業經理人，合理增加市場化選聘的比例，加快建立退出機制，對市場化選聘的職業經理人實行市場化的薪酬分配機制，並採取多種方式探索完善中長期激勵機制。

自此，中國國有企業建立職業經理人制度的步伐開始加快。

（五）中國國有企業高管市場化選聘現狀

長期以來，中國國有企業的高管許多是通過行政任命的方式產生的，其主要特徵是亦官亦商。行政任命制不僅對國有企業的效益增長產生不利影響，而且容易引發「內部人控製」問題。不少國有企業高管的心思不是放在如何搞好企業上，而是想方設法在職務上晉升，或是利用在位時的職權為自己謀利。由於國有企業領導人角色上的錯位，導致政企不分，成為國有企業改革的難點。

為改變這種狀況，近些年來國資監管部門一直在探索市場化的選人用人方式，在國有企業開展職業經理人試點工作。國資委自成立以來，就一直嘗試在國有企業高管的市場化選聘方面有所突破。國資委的資料顯示，截至2016年年底，中國已先後七次面向全球公開招聘中央企業高管，為100多家企業招聘了138名高級經營管理者及高層次科研管理人才。

早在2003年，國務院國資委就面向全球公開招聘了7位中央企業高管。2014年以來，國務院國資委在寶鋼、新興際華、中國節能、中國建材和國藥集團五家中央企業落實了董事會選聘和管理經營層成員的職權。按照黨組織推薦、董事會選擇、市場化選聘和契約化管理的基本思路，新興際華董事會選聘產生了總經理，寶鋼、中國節能、國藥集團選聘產生了6名副總經理，新興際華董事會近期又市場化選聘了所有經理層副職。

與此同時，市場化選聘改革在多個省市落地，並呈擴大趨勢。以四川省為例，2016年5月，四川省委辦公廳、省政府辦公廳聯合印發了《關於省國有重要骨幹企業董事會選聘高級管理人員的指導意見（試行）》。該意見指出，要以市場化改革為方向，加快建設一支充滿活力的職業經理人隊伍。其中，競爭性企業新任高級管理人員以市場化選聘為主，功能性企業

不斷提高高級管理人員的市場化選聘比例。市場化選聘範圍包括總經理、副總經理、總會計師、總經濟師、總工程師及公司章程規定的其他高級管理人員，選聘的方式有企業內部競聘、社會公開招聘、市場尋聘、出資人推薦，等等。國資委的資料顯示，截至2016年年底，22個省級國資委通過市場化選聘產生了105名企業經理層人員。

隨著國有企業改革的不斷深化，中央企業和地方國有企業將會有越來越多的高管從市場中產生。

（六）市場化選聘經理層應關注的問題

當前，中央企業和一些地方國有企業都在積極開展選聘職業經理人的試點工作。從試點的情況來看，需要關注以下問題：

1. 市場化程度還不夠充分

由於董事會的權力還未能充分下放，目前很多國有企業董事會尚不能獨立自主依法選擇經營管理者。從中央企業高管的公開招聘來看，大都由組織部門和國資監管部門牽頭，由國有企業董事會自己組織的高管招聘還不多見，選聘主體還存在著錯位和越位的問題。從選聘的過程來看，仍然存在著較大比例的上級行政任命。在選聘的標準上，行政色彩較濃，過多地參照黨政幹部的選拔標準，忽視了企業自身的特點。此外，這些以市場化方式選聘的中央企業高管，並沒有真正以市場化的方式來被任用和管理，薪酬與業績掛勾不夠緊密，退出機制也沒有完全建立。

2. 市場化選聘需要政府充分授權

現代企業制度決定了企業經營者必須通過市場來選聘，並由市場來決定其去留。這意味著，政府不應介入企業經營者的招聘工作，需要授權給國有企業董事會，由董事會自主開展招聘工作。這就涉及政府相關部門讓渡權力的問題，如果政府不願放權給企業董事會，則經營者可能將更多的心思花在如何協調好與政府相關職能部門的關係上，而不是注重企業的發展。與其他非公有制企業相比，由於國有企業經營者的選聘權沒有交給市場，因而經營者也就無法按照市場要求對企業負責，企業也就無法真正走向市場，缺乏應有的活力。

3. 高級管理人員來源渠道狹窄

從目前來看，國有企業高管選人用人範圍狹窄，難以集聚行業頂尖人才。從中央企業高管的公開招聘來看，選聘人員多來自體制內，市場化程度不高。從地方國有企業的高管招聘來看，選聘人員多來自省內或市內，

第八章　完善現代企業制度研究

同廣闊的市場環境相比極不匹配。這些現象與招聘的條件設置有關，也與相關的體制機制不完善有關，以至於市場化選聘招到的優秀專業人才並不多。選聘職業經理人應放寬條件，在更大、更廣的範圍內選聘優秀人才。

4. 職業經理人的權限受到制約

從理論上講，職業經理人受聘後應享有完整的職位權力，並在職權範圍內獨立自主地開展工作。但由於目前國有企業行政色彩濃厚，所有權與經營權分離得不夠徹底，職業經理人的職權不明確，沒有形成相應的權力制衡機制，因而職業經理人的職權受到限制。從現實來看，在相當部分的國有企業中，「官本位」企業文化嚴重，董事會並沒有將管理權和經營權完全交給職業經理人，職業經理人的職權受到所有者和上級部門的干預，總經理履行《公司法》賦予的應有權力還難以落到實處，真正擁有對副總經理、總會計師的提名權以及對中層管理人員的聘任權仍需時日。此外，國有企業強調按程序辦事，也影響了職業經理人能力的發揮。

5. 國有企業缺乏招聘職業經理人的動力

中國的國有企業，特別是中央企業，行政級別高，很多在行業中處於壟斷地位，而且大都分佈在傳統行業，企業資產規模龐大，受國家政策的保護，享受著超額利潤，生存狀況相對較好，因而缺乏市場化選聘的動力。只有一些處於初創期或者嚴重虧損的國有企業，才有從外部聘用高級管理人員的意願。這與非公有制企業完全不同，非公有制企業要在激烈的市場競爭環境中生存，往往傾向於對外大量招聘高級管理人員。

6. 市場化選聘需要與其他改革統籌推進

國有企業高級管理人員的市場化和職業化必須以經營行為的市場化為前提，而不是單純地談幹部人事制度改革，否則只能是治標不治本，改革無法落到實處。要加快國有企業的改革步伐，徹底轉變政府職能，使國有企業成為真正的市場競爭主體，並以股東價值最大化為經營目標，依靠高效管理和科技創新贏得利潤，這樣各級政府部門和國有企業才有動力去外部市場尋找經營管理能力較強的職業經理人。此外，作為一個發展中國家，中國目前的職業經理人市場還不發達，需要政府大力培育。

7. 要避免職業經理人的短期行為

職業經理人雖然能在一定程度上彌補企業所有人經營能力不足的問題，但是要防止其短期市場行為。職業經理人是領取高薪的高級打工仔，可能會注重自身的短期利益，而忽視企業的長期發展，甚至少數人還可能存在道德風險。在企業發展好的時候，職業經理人的短期行為不明顯。當

企業發展得不好，陷入困境時，職業經理人可能與企業所有者出現行為不同步的現象。為了解決這一問題，應考慮對職業經理人採取有效的中長期激勵機制，使企業的長遠發展與職業經理人的利益息息相關，讓職業經理人具有主人翁精神，更加關注企業的長期發展。

8. 職業經理人制度有待進一步完善

當前，中國職業經理人制度還處於起步階段，許多方面還不夠成熟。統一的管理標準和規範尚未建立，聘用契約不盡完善，出資人和經理人之間的利益關係界定不清，經理人職業操守和行為準則有待規範。職業經理人的社會化資質評價體系缺乏，職業經理人誠信體系尚未建立，對職業經理人的契約化管理未嚴格執行，職業經理人選、用、育、留等相關的規範管理體系迫切需要建立和完善。以股東回報為導向的評價體系未完全建立，薪酬市場化水平偏低，多數實行了上限調控。現有經營管理者與職業經理人身分的轉換通道不暢，職業經理人退出機制不健全，績效考核很多由中組部和國資委進行。

9. 相關的法律法規欠缺

中國尚未在法律上對職業經理人予以明確定義，也沒有專門針對職業經理人進行規範和激勵的法律法規。目前中國的《公司法》等對職業經理人的監督與制約主要體現在任職資格限制、權力機構監督和監事會監督等方面，對職業經理人的權利、義務和行為準則規定較為粗放，不利於實際中的監督和執行。只有編製了詳盡的細則說明，才能引導社會和企業建立約束職業經理人的制度和文化。此外，對職業經理人由於職業道德等問題給企業造成風險與損失的，也沒有相應的立法規範。

10. 職業經理人市場有待進一步完善

成熟的職業經理人市場，能讓市場在職業經理人配置過程中起決定作用，能為國有企業引進職業經理人提供通道，能促進職業經理人不斷提高自身的綜合素質，能為職業經理人提供市場化的薪酬價格。目前中國職業經理人市場還不夠完善，還處於起步建設階段，還沒有形成市場化的評價機制和公認的定價機制，社會上對職業經理人的定位和作用認識還不統一，職業經理人的信用體系還不健全，國有企業與職業經理人才市場還難以有效對接，職業經理人流動也存在障礙，國有企業從外部引進優秀的經理人還有一定困難。

11. 職業經理人需要充分融入國有企業

從外部選聘職業經理人能為企業帶來新的活力，但外來的職業經理人

面臨如何與企業文化和管理團隊相融合的問題，還要贏得其他管理團隊成員的信任與支持。當前，國有企業選聘高管的程序還有待進一步完善，中國職業經理人市場也不發達，國有企業從外部選聘的高管發揮功效還需要一個時間過程。從中央企業公開招聘的情況來看，確實存在應聘者信息不對稱現象，一些通過市場化選聘的職業經理人進入中央企業後，不僅不能與董事長形成默契，與經理層其他成員也無法融合，嚴重地削弱了國有企業的競爭力。

（七）推進國有企業建立職業經理人制度的舉措

隨著改革的不斷深化，國有企業要在市場競爭中贏得主動，必須加快推進職業經理人制度建設，打造一支高素質、職業化和國際化的職業經理人隊伍。

1. 加快國有企業高管去行政化步伐

推進國有企業高管選拔任用機制改革，增加市場化選聘比例，加快建立職業經理人制度。實行「任命制」向「聘任制」轉變，打破國有企業機關化和行政化傾向，全面推行國有企業領導人員聘任制和任期制，使國有企業高管能上能下、能進能出。實行經營目標責任制，變上級考評為業績考評，並根據考核結果發放薪酬，使職業經理人的命運與企業發展相聯繫。打破身分限制，面向社會廣開渠道，不拘一格選拔優秀人才。加快去行政化步伐，從根本上取消國有企業經理人員的國家幹部身分和行政級別。引入競爭和淘汰機制，促使官員化的經理人走向職業化和專業化。

2. 實行職業經理人契約化管理

職業經理人實行契約化管理，有利於明確責任、權利和義務，嚴格任期目標考核，保持合理的穩定性和流動性。董事會選聘經理層，要明確選人用人標準，制定管理辦法，完善考核評價和激勵約束機制。通過國有企業與職業經理人簽訂聘用協議和任期目標考核責任書，以契約的方式明確考核指標和薪酬分配等事項，強化危機意識和責任意識，激發職業經理人的積極性、主動性和創造性，促進人才資源的優化配置。實施契約化管理，要根據聘用協議加強對職業經理人的考核，對經考核勝任的繼續聘任，考核不勝任的予以解聘。契約化管理對出資人也有較強的約束作用，通過在合同中明確董事和經理層的職責，可保證經理層在執行中不受董事會的干擾，獨立自主地從事經營管理活動。

3. 建立中長期激勵機制

對市場化選聘的職業經理人，需要建立有效的中長期激勵機制。作為市場中的經濟人，職業經理人是追求自身收益最大化的個體。當自身目標與企業目標一致時，企業收益最大化就是自身收益最大化；反之，當自身目標與企業目標不一致時，職業經理人就可能會為了自身收益的最大化而損害企業的利益。為此，國有企業必須建立完善的中長期激勵機制，使職業經理人的收益與企業的未來收益聯繫起來。可通過提高中長期激勵薪酬比例，實行高管持股或股票期權等形式，激勵經理人為企業的長期發展做貢獻，有效解決所有者與職業經理人之間的利益矛盾。從國際經驗來看，把職業經理人變成合夥人是值得推崇的方法，能使職業經理人共擔風險。

4. 建立職業經理人退出機制

建立職業經理人退出機制是優化人力資源配置的重要舉措。通過引入優勝劣汰機制，能有效激發管理人員活力，提高企業發展內生動力。國有企業實行職業經理人制度，出資人和職業經理人是雙向選擇，雙方都可以根據自己的意願選擇對方，出資人可以根據約定解聘職業經理人，職業經理人也可以進行自由流動。職業經理人退出機制須建立在契約化管理的基礎之上，解聘和流動都必須依據契約和法律進行。要依法建立以合同管理為核心的市場化用工機制，充分反應勞動力市場供求關係和市場化薪酬情況。對國有企業現有領導人，如轉換為職業經理人，則要承擔相應的市場風險，董事會不滿意可予以辭退。

5. 拓寬職業經理人來源渠道

國有企業要成為真正的市場主體，就必須有來自市場的經營管理人才。要解放思想，突破傳統思維，打破所有制、行業、地域和戶籍等限制，通過多種渠道進行市場化選聘，不拘一格吸納高端人才，為國有企業做大做強做優提供人才保障。

一是採取公開招聘的方式，由國有企業成立選聘工作領導小組，制定相關的選聘機制，按照市場化原則面向社會選擇行業中的高端人才。

二是借助市場仲介力量，與獵頭公司建立緊密合作關係，擴大選聘經理人的來源渠道。

三是內部競聘產生，在現有職業經理人市場不發達的情況下，還可加強對現有經營管理人員的培養，提升其職業素質，促使其向職業經理人轉變。

此外，對於兼併重組的企業，無論是國有企業，還是民營企業，其管

第八章　完善現代企業制度研究

理團隊均可向職業經理人轉變。

6. 加快職業經理人市場建設

職業經理人市場是職業經理人求職推薦、資質評價認證、信用考評、用人選人、薪酬談判、流動配置的組織場所和運行機制。要按照市場化要求，加快培育開放、競爭、有序的職業經理人市場，為國有企業高管市場化選聘奠定一個良好的基礎。

一是建立和健全職業經理人市場的法律法規，盡快完善職業經理人市場的資格標準和運行規制，包括職業經理人國家認證的資格標準和程序辦法等，促進職業經理人市場健康發展。

二是建立職業經理人市場工資調查和指導體系，提供準確可靠的職業經理人的市場價格信號，為國有企業制定薪酬標準提供參考。

三是建立職業經理人市場有效運行的配套體系，依託社會各界力量的廣泛參與，建立和健全仲介組織服務體系、社會輿論監督體系和社會信用體系等配套體系。

7. 加強職業經理人誠信體系建設

在市場經濟中，利益趨向較強，職業經理人的誠信度至關重要。為使企業對職業經理人取得信任，需要加強誠信體系建設。要建立有效的職業經理人誠信檔案，並實施動態管理，及時更新。國家相關部門對職業經理人進行信用等級評價，並視情況對信用等級進行適時調整。要完善職業經理人誠信查詢信息化系統，實現誠信信息共享。要完善相關的法律法規，提高職業經理人失信成本，實現對誠信關係的積極導向。在開放的市場中，通過對職業經理人的專業素養、過往業績和個人信用等進行記錄，使企業選人用人有可靠的質量保障。

8. 完善職業經理人職業資格認證制度

職業經理人資格認證是職業能力和基本素質的證明，是社會和企業認可的重要標誌。要建立健全職業經理人職業資格認證制度，為國有企業市場化選聘人才提供幫助。

一是統一職業經理人培訓機構認證標準，規範培訓市場發展，加強職業經理人培訓機構管理，實行資質核准與年審制度，定期對認證機構進行考核評價，確保職業經理人培訓質量。

二是完善職業經理人資格認證體系，借鑑國際標準制定科學的職業經理人評價標準，提升職業經理人資格證書的含金量。

三是完善職業經理人資格認證年檢制度，國家出抬統一政策，規範資

格證書的有效年限，促使職業經理人通過不斷學習，提高自身的從業技能，繼續獲取執業資格。

9. 充分發揮職業經理人協會的作用

一是推動社會化的職業經理人資質評價制度建設，規範職業經理人培訓、評價和認證行為，並在實施資質評價活動中，協調企業出資人、職業經理人與仲介服務機構之間的利益關係。

二是彌補政府在市場監管上的信息不對稱，引導職業經理人協會實行行業自治。可在行業協會主導下建立職業經理人從業檔案，對相關信息進行及時披露，減少職業經理人市場上的信息不對稱，提高交易效率。檔案應對職業經理人的工作經歷、職業生涯、業務水平等進行說明，客觀真實地反應職業經理人的工作能力。

三是構建公共信息平臺，運用現代信息技術，建立職業經理人信息庫，提供職業經理人認證、培訓、考核、評價、求職、招聘等信息，通過信息發布引導職業經理人合理流動，為國有企業和職業經理人實行有效選擇提供便利。

10. 大力發展職業經理人仲介服務

注重培育和完善職業經理人仲介服務市場體系，鼓勵和引導社會資本投資設立職業經理人仲介服務機構，發揮仲介服務機構在職業經理人信息登記、人事代理、社會保障、信用徵集、獨立考核、政策諮詢服務等方面的作用。建立和完善職業經理人仲介機構評價體系，督促仲介機構對國有企業經理人員進行客觀公正的職業能力評價。與職業經理人仲介服務機構展開合作，加大對職業經理人的培訓力度，提高職業經理人的從業素質。委託第三方仲介機構對職業經理人進行審計跟蹤等服務，加強對國有企業職業經理人的監督。強化對職業經理人仲介組織的監管，規範其經營行為，為職業經理人營造一個有序的服務環境。

11. 分行業推進市場化選聘

市場化選聘國有企業高級管理人員，可分行業推進改革，選聘職位涵蓋總經理、副總經理、總會計師、總經濟師、總工程師等高級管理崗位。對主業處於充分競爭行業和領域的商業類國有企業，高級管理人員原則上都應實行市場化選聘。國有企業可根據崗位專業性等情況合理地選擇市場化選聘方式，並建立職業經理人制度。對主業處於事關國家安全、國民經濟命脈的重要行業和關鍵領域以及主要承擔重大專項任務的商業類國有企業和公益類國有企業，應加大市場化選聘高管力度，逐漸增加市場化選聘

高管比例。通過市場化改革，在各行業國有企業中加快建成充滿活力的優秀職業經理人隊伍。

六、國有企業高管薪酬改革研究

黨的十八屆三中全會指出，要合理確定並嚴格規範國有企業管理人員薪酬水平。中共中央、國務院《關於深化國有企業改革的指導意見》（中發〔2015〕22號）提出，要實行與社會主義市場經濟相適應的企業薪酬分配制度。對國有企業領導人員，實行與選任方式相匹配、與企業功能性質相適應、與經營業績相掛勾的差異化薪酬分配辦法。對黨中央、國務院和地方黨委政府及其部門任命的國有企業領導人員，合理確定其基本年薪、績效年薪和任期激勵收入。對市場化選聘的職業經理人，實行市場化薪酬分配機制，可採取多種方式探索完善中長期激勵機制。《指導意見》的出抬，為國有企業實施薪酬分配制度改革指明了方向。未來，國有企業高管的薪酬將會更趨合理，將吸引越來越多的優秀人才到國有企業工作。

（一）國有企業高管薪酬改革現狀

自黨的十八屆三中全會提出合理確定並嚴格規範國有企業管理人員薪酬水平後，限薪成為國有企業薪酬改革的一項重要內容。總的來看，近幾年國有企業高管負責人薪酬總體有所下降，與職工工資的倍數逐漸縮小。

目前國有企業高管中，既有行政任命的，也有市場化選聘產生的，限薪主要針對行政任命的國有企業高管。

1. 中央企業高管薪酬改革現狀

2015年1月1日，《中央管理企業負責人薪酬制度改革方案》正式實施，中央管理企業負責人的薪酬由基本年薪、績效年薪和任期激勵收入三部分構成。國務院國資委2016年12月發布的《中央企業負責人經營業績考核辦法》還明確指出，任期激勵收入不得超過年薪的30%。新一輪薪酬改革方案的適用範圍是中央企業裡由中央和國務院國資委管理的負責人，包括企業董事長、黨委書記、總經理、監事長及其他副職負責人。對中央企業負責人經營業績，實行分類考核。對主業處於充分競爭行業和領域的商業類國有企業，重點考核企業經濟效益、資本回報率與市場競爭力。對主業涉及國家安全、國民經濟命脈的重要行業和關鍵領域以及主要承擔國家重大專項任務的商業類國有企業，在保證合理回報和國有資本保值增值

的基礎上，加強對服務國家戰略和發展前瞻性戰略性產業等的考核。對公益類國有企業，重點考核產品服務質量和成本控製，並引入第三方評價。

國資委考核分配局公布的資料顯示，2015年，在國資委負責管理的111家企業負責人中，稅前年薪最高的為招商局集團公司的董事長和總經理，達到120萬元，多數中央企業的負責人年薪在50萬~80萬元之間。此外，企業所處的行業不同，以及規模和效益不同的企業，薪酬差距明顯。稅前薪酬過百萬元的中央企業負責人有十多位，主要集中在招商局集團有限公司、華潤（集團）有限公司和中國港中旅集團公司。這些企業的總部在香港，薪酬水平在歷史上就較高，企業效益穩定。電力企業的負責人年薪集中在80萬元左右，中石油、中石化和中海油三家企業的主要負責人年薪均為70多萬元。中國移動、中國聯通、中國電信三大營運商經營管理層平均年薪約為70萬元，稅前薪酬超過80萬元的只有中國移動總經理一人。近兩年經營困難的中央鋼鐵企業，其負責人年薪相對低一些，其中，鞍鋼集團董事長年薪為47萬元，武鋼集團董事長年薪為43萬元。

從中央企業高管與職工的薪酬差距來看，2002年國資委監管的中央企業高管平均薪酬與職工平均工資的倍數為9.85倍，在2010年擴大到13.39倍，之後趨於平緩，2014年為12倍左右。新一輪薪酬改革後，中央企業負責人薪酬與職工平均工資的倍數將低於10倍。

總的來看，中央企業高管的收入有所下降。不過，限薪改革主要針對行政任命的高管，防止國有企業高管既享受體制內的行政級別，又拿市場化的高薪。對國有企業市場化選聘的職業經理人，仍實行市場化的薪酬，上不封頂。以中集集團董事長麥伯良為例，麥伯良在放棄行政任命的總經理身分後，以職業經理人的身分重新應聘成為總經理，其薪酬按照市場化標準發放。2015年年報顯示，麥伯良年薪高達637.3萬元。

新一輪薪酬改革實施後，很多中央企業的總經理將通過市場化選聘的方式產生。作為職業經理人，其薪酬不設上限，未來中央企業總經理薪酬大大超過董事長薪酬的情況會越來越多。

2. 地方國有企業高管薪酬改革現狀

在中央企業的帶動下，地方國有企業紛紛跟進，多個省、市、區公布了國有企業負責人薪酬改革方案，對省屬國有企業負責人薪酬進行限制。這些方案普遍參照中央企業的做法，將負責人的薪酬由「基本年薪+績效年薪」兩段式結構改為「基本年薪+績效年薪+任期激勵收入」三分式結構，充分體現中長期激勵。其中，國有企業高管基本年薪限制在上年度省

屬國有企業在崗職工平均工資的 2 倍以內，全部年薪不超過職工薪酬的 8 倍。

與中央企業相比，地方國有企業對薪酬限制更嚴。廣東省規定，國有企業負責人績效年薪不超過基本年薪的 2 倍，總薪酬與職工薪酬差距縮小至 6.5 倍。寧夏回族自治區限制幅度最大，國有企業負責人的全部年薪限制在職工的 5 倍左右。

從下降幅度來看，地方國有企業負責人薪酬平均降幅約為 30%。例如，按照改革後的薪酬體系，浙江省省屬國有企業負責人平均薪酬將減少 31.5%，廣東省國有企業負責人薪酬下降超過 30%。

從各省公布的方案來看，大都明確提出了國有企業負責人薪酬與職工收入、企業經營狀況直接掛鈎。湖北省明確提出，企業在崗職工當年平均工資沒有增長的，企業負責人績效年薪不得增長。廣東省明確提出，出現經營性虧損的國有企業負責人基本年薪將適當下調，年度綜合考評為不勝任的不得領取績效年薪和任期激勵收入，國有企業負責人任期內出現重大失誤並給企業造成重大損失的，將追索扣回部分或全部已經發放的績效年薪和任期激勵收入。

隨著各地國有企業負責人薪酬改革方案的實施，地方國有企業高管的薪酬普遍下降。以重慶市為例，重慶市國資委發布的《市屬國有重點企業負責人 2015 年度薪酬信息披露》顯示，2015 年重慶市 34 家市屬重點國有企業中，國有企業領導人的稅前薪酬普遍在 50 萬~60 萬元之間，最高的為 86.31 萬元，最低為 39.60 萬元。其中，金融行業的薪酬最高，重慶銀行、重慶農商行和西南證券三家企業的多個高管稅前薪酬超過了 80 萬元。

在對組織任命的國有企業負責人收入調整的同時，各地也在擴大市場化選聘比例，加快引入職業經理人制度，形成差異化分配辦法。廣東省明確指出，在規範組織任命的國有企業負責人薪酬的同時，職業經理人依然實行市場化薪酬分配機制。湖北省明確提出，對市場化選聘的國有企業領導人，其薪酬參照人才市場價位確定。福建省規定，對市場化選聘的職業經理人，其薪酬由董事會按照市場化分配機制確定。

隨著改革的深入，未來幾年內絕大部分地方國有企業將按照職業經理人制度選聘負責人，並採取市場化的薪酬分配機制，吸引和留住人才，為企業發展增添活力。屆時，職業經理人的薪酬比行政任命的高管高出數倍的現象會普遍存在。

(二) 國有企業高管薪酬改革應關注的問題

1. 降薪造成一部分人才流失

目前，中國的人力資源價格還不完善，缺乏健全的市場化選聘制度和市場化薪酬制度，在考評和激勵機制方面也比較僵化。國有企業限薪後，一部分高管離職，很多企業出現了高端人才流失的現象，影響了國有企業的市場競爭力。以銀行為例，不少國有商業銀行的中高層離職，投向股份制商業銀行或新成立的民營銀行。在緩解社會輿論關於國有企業高管薪酬質疑的同時，如何吸引和留住人才，尋求市場定價方面的合理平衡點，成為下一步國有企業發展的關鍵問題。

2. 中央企業薪酬改革存在「一刀切」的問題

中央企業高管改革後的薪酬由基本年薪、績效年薪加任期激勵收入構成。其中，基本年薪按照上年度 72 家在職員工平均工資的兩倍以內確定。由於未區分國有企業的行業、類別和壟斷程度，中央企業負責人的基本年薪基本上是一樣的，顯得不太合理。現實中，各中央企業因為所處的行業背景不同，承擔的社會職能也不一樣，難以制定一個統一的標準。特別是對市場化程度較高、處於充分競爭行業的中央企業，其高管收入與民營企業和外資企業差距太大，不利於調動工作積極性。而對於一些壟斷行業的中央企業，其業績優良並不全是因為經營管理帶來的，這些企業的負責人收入偏高，有失社會公平。

3. 部分企業出現層層降薪的情況

雖然新一輪薪酬改革的重點是針對組織任命的國有企業負責人，但近兩年來國有企業領導人限薪後，一些企業中層幹部及普通員工收入都受到影響。部分企業由於負責人薪酬下降，出現內部員工層層降薪的現象，收入比原來普遍減少。這種現象在一定程度上影響了國有企業員工的積極性，導致企業活力不足。此外，以往一些中央企業在負責人薪酬大幅提升的過程中，普通員工工資增加並不多。這些企業普通員工收入本來就不高，層層降薪不利於縮小企業負責人與普通員工的薪酬差距，實現企業內部收入分配的相對公平。

4. 國有企業負責人薪酬和業績相關性降低

受限薪政策的影響，國有企業負責人薪酬和經營業績指標的相關性減弱，不同行業的中央企業負責人薪酬差異有逐漸縮小的趨勢。對業績表現較好的中央企業而言，有些屬於高薪行業，由於限薪的制約，負責人薪酬

第八章 完善現代企業制度研究

出現下降。一些業績表現不佳的中央企業，其負責人薪酬原本較低，得益於限薪政策，其薪酬反而有所增長。此外，對組織任命的負責人，其考核指標與職業經理人不同，除了經營業績指標外，還有其他綜合指標，不同的國有企業承擔的社會職能也不同，這些使得國有企業負責人薪酬和業績的相關性減弱。

5. 職業經理人需加快引入

對行政任命的國有企業高管而言，由於受限薪的硬性約束，其收入大幅減少，對工作積極性有一定影響。為保持國有企業的活力，需大力引進職業經理人，並實行市場化的薪酬。職業經理人的薪酬由市場定價，上不封頂，並與業績息息相關，而不是以上年國有企業職工平均薪酬為參照標準。通過引入職業經理人，並提供有競爭力的薪酬，來彌補組織任命的國有企業高管的不足，發揮應有的作用，為國有企業的發展做出貢獻。

(三) 完善國有企業高管薪酬改革的舉措

1. 實行差異化薪酬分配

對國有企業高管薪酬進一步規範，對不同身分屬性的高管實行不同的薪酬分配制度。對行政任命的國有企業負責人，實行限薪政策，其薪酬水平參照同級別公務員工資和企業職工平均工資確立。對職業經理人，實行市場化薪酬，其薪酬水平由其與聘用企業參照市場標準協商確定。對行政任命的國有企業領導人，可選擇繼續保留國家幹部身分，或放棄行政級別向職業經理人轉換。此外，對行政任命的國有企業高管限薪，要根據企業情況實行差異化。不同類型的國有企業，承擔的社會功能不一樣，其領導人薪酬應有所不同。對分屬不同行業的國有企業，其高管薪酬收入差異也應有所體現。最後，對經營業績較差的國有企業領導人，應降低其收入。反之，對經營業績較好的國有企業，應增加其領導人收入。在考核企業的經營業績時，應充分考慮壟斷因素的影響。

2. 國有企業高管薪酬透明化

國有企業高管薪酬透明化，是國有企業薪酬分配制度改革的核心。薪酬信息公開，能夠讓公眾知曉國有企業高管的身分，即是屬於組織任命的高管，還是市場化選聘的職業經理人，二者的收入有著天壤之別。國有企業高管薪酬公開化和透明化，還有助於充分執行國家的限薪令，預防和減少職務腐敗，確保國有資產保值增值，提升國有企業競爭力。同時，國有企業高管薪酬透明化也是完善重大信息公開制度、打造陽光國有企業的需

要。此外，國有企業高管薪酬透明化，還會形成社會和輿論監督，對國有企業高管自身的行為產生約束。無論是中央企業還是地方國有企業，無論是一級國有企業還是二、三級國有企業，無論是國有上市公司還是國有非上市公司，都應將高管薪酬向社會公開。國有企業高管薪酬除了在國資監管部門網站上公布外，還要在企業內部公開。

3. 建立健全國有企業職業經理人考核制度

國有企業職業經理人考核，應以業績為導向，根據崗位和貢獻等細分因素，建立科學的業績考核評價體系，評價體系涵蓋資本回報率、稅後淨利潤等指標。考核結果和薪酬緊密關聯，使薪酬能真正體現職業經理人的經營業績和工作能力，形成「業績上，薪酬升；業績下，薪酬降」的績效考核制度。職業經理人收入要能增能減，其自身價值實現與企業發展相統一。對不同行業、不同類型的國有企業職業經理人，應針對其經營管理任務細化不同的考核指標。除了績效考核外，對職業經理人在企業發展戰略、創新、社會責任等方面也要進行綜合考評，考核結果與薪酬掛鉤。通過市場化的薪酬分配考核機制，充分調動職業經理人的積極性，激發國有企業的活力，提高國有企業的工作效率和盈利能力，使國有企業與民營企業、外資企業同等競爭。

參考文獻

一、中文部分

［1］劉泉紅. 深化國企改革的經驗與思路［EB/OL］. 宣講家網，2014-05-28.

［2］黃勤國. 國外國有企業的改革經驗及其對中國的啟示［J］. 中國民營科技與經濟，2012（9）.

［3］李錦. 國企改革可汲取的國外 10 條經驗［EB/OL］. 人民網，2014-05-04.

［4］黃淑和. 國有企業改革在深化［J］. 求是，2014（3）.

［5］寧迪. 國資委發布市場化選聘等 10 項國企改革試點［N］. 中國青年報，2016-02-29.

［6］馮彪. 國資委副主任詳解國企改革十項試點 職業經理人將「市場化來、市場化去」［EB/OL］. 每日經濟新聞，2016-02-25.

［7］周放生. 國有企業改革頂層設計方案的 16 大看點［EB/OL］. 人民網，2015-09-15.

［8］曾憲銳. 混合所有制的力量——國企民企融合發展的現實路徑和探索［J］. 市場觀察，2014（3）.

［9］萬斯琴. 混合所有制一路走來 多家央企已先行探索［N］. 中國企業報，2014-03-04.

［10］厲以寧. 混合所有制的四大好處［N］. 中國企業報，2014-03-10.

［11］丁是釘. 一企兩制是混合所有制破題良策［N］. 中國企業報，2014-03-04.

［12］丁國明. 國資委研討混合所有制改革，中聯重科、國藥控股成樣本［N］. 中國企業報，2014-03-06.

［13］張菲. 國有企業分類改革：思路與措施［J］. 國際融資，2015（11）.

［14］施平. 完善市場化機制倒逼國企改革［N］. 新聞晚報，2013-

11-23.

［15］文城. 國企改革進深水區，將更市場化更嚴監管［EB/OL］. 中國網，2013-03-15.

［16］王家沛. 國企改革回應六大關切 再次強調國有企業全民性［EB/OL］. 中國網，2015-09-14.

［17］閔勤勤. 最大程度贏得市場化改革紅利［J］. 時事報告，2014（3）.

［18］高明華. 論國有企業分類改革和分類治理［EB/OL］. 中國食品科技網，2014-01-14.

［19］商意盈. 浙江：改革謀求更高市場化 深度挖潛仍待破解「模糊地帶」［EB/OL］. 中國金融信息網，2015-10-28.

［20］彭說龍，王歡. 國企改革深層破冰時與勢分析［EB/OL］. 人民論壇網，2015-10-28.

［21］劉波. 市場化仍是國企改革大方向［N］. 華夏時報，2015-09-19.

［22］倪銘婭，劉麗靚. 中國改革報告2015：把國企改革作為供給側結構性改革的關鍵［N］. 中國證券報，2016-04-28.

［23］官志雄. 國企掀起新改革浪潮 走更加市場化的道路［N］. 中國青年報，2015-01-04.

［24］丁是釘. 國企改革：行政化與市場化的糾結［N］. 中國企業報，2015-03-08.

［25］黃玉琦，張慶成. 本次國企改革重點是堅持市場化改革方向［EB/OL］. 人民網，2015-09-15.

［26］張豔玲. 國家啓動第四階段國企改革 市場化和產權改革受關注［EB/OL］. 中國網，2015-09-21.

［27］佟靜. 國企改革新政解讀：市場化是唯一標準［EB/OL］. 中國發展門戶網，2015-09-18.

［28］新華社. 國企改革2020年基本完成 實行市場化薪酬分配［N］. 北京青年報，2015-09-14.

［29］張吉龍. 深化市場化改革使老國企煥發新活力［EB/OL］. 國務院國資委網站，2016-03-22.

［30］張毅. 以市場化改革做大「全民財富」［N］. 金融投資報，2015-09-14.

［31］謝作詩. 論中國國有企業改革［J］. 遠東中文經貿評論, 2004（4）.

［32］黃錚. 完善國資管理體制 提升國企市場化水平 進一步激發上海經濟發展活力［N］. 聯合時報, 2015-09-14.

［33］陳浩. 四川省屬國企改革：去「行政化」後「市場化」導向明確［EB/OL］. 四川新聞網, 2014-10-19.

［34］華曄迪, 趙曉輝, 許晟. 以市場化改革做強做優做大「全民財富」［EB/OL］. 新華網, 2015-09-14.

［35］李稻葵. 國企改革的大原則是市場化［EB/OL］. 中國企業家網, 2012-11-07.

［36］季曉南. 國企改革是經濟體制改革的重頭戲［EB/OL］. 網易財經, 2015-12-14.

［37］任桂淑. 華潤軌跡：國企市場化改革的樣本解讀［EB/OL］. 紅網, 2014-02-18.

［38］鄒偉. 國企生態透視［M］. 北京：中國經濟出版社, 2016.

［39］黃敬怡. 大戰略——深化國有企業改革研究［M］. 北京：中國言實出版社, 2015.

［40］楊春學, 楊新銘.「十三五」時期國有企業改革重點思路［M］. 北京：社會科學文獻出版社, 2016.

［41］張文魁. 跨越國企股權拐點：需引入大宗非國有股份［J］. 財經, 2015（9）.

［42］周俊生. 告別隱性失業需加快國企改革［N］. 新京報, 2016-04-29.

［43］張茉楠. 未來國企改革重點是國有資產資本化［N］. 證券日報, 2013-11-14.

［44］張樂. 媒體：中國改革「市場化」被強化 國企將「讓利」［EB/OL］. 中國新聞網, 2013-11-16.

［45］國家統計局. 1978年以來中國經濟社會發展的巨大變化［N］. 人民日報, 2013-11-06.

［46］鐘契夫. 資源配置方式研究：歷史的考察和理論的探索［M］. 北京：中國物價出版社, 2000.

［47］沈培鈞. 從資源配置方式改革想到的［J］. 綜合運輸, 2013（11）.

［48］王志文. 對東北振興和國企內涵的經濟學思考［J］. 沈陽師範大學學報，2016（5）.

［49］金蔚紅. 略論當前資源配置方式的有效選擇［J］. 綜合競爭力，2010（6）.

［50］高永沛. 市場經濟體制下資源配置方式效率之比較研究［J］. 中國商論，2015（10）.

［51］周叔蓮，郭克莎. 資源配置方式與中國經濟體制改革［J］. 中國社會科學，1993（3）.

［52］趙可. 淺析將兩種資源配置方式相結合的歷史必然性［J］. 甘肅高師學報，2011（2）.

［53］譚克揚. 市場是資源配置的決定性因素［N］. 湖南日報，2013-11-27.

［54］魯品越. 政府建構市場，市場決定資源配置［N］. 紅旗文稿，2014-06-30.

［55］衛興華. 由市場決定資源配置需厘清三個問題［N］. 深圳特區報，2014-03-05.

［56］高尚全. 市場決定資源配置體現市場經濟規律［N］. 人民日報，2014-03-26.

［57］李義平. 市場在資源配置中起決定性作用是一場革命［N］. 中國青年報，2013-12-16.

［58］朱紅濤. 如何更好發揮政府在資源配置中的作用［J］. 唯實，2014（6）.

［59］趙新，付煜. 誰來決定資源配置［EB/OL］. 金融界，2015-12-29.

［60］黃純良. 企業國有資產監管現狀問題及對策［EB/OL］. 四川經濟信息網，2015-08-18.

［61］編輯部. 國企改革的現狀［J］. 證券導刊，2014（6）.

［62］戚聿東. 不公正的發展：中國國企壟斷現狀［J］. 董事會，2012（2）.

［63］編輯部. 如何理解使市場在資源配置中起決定性作用［N］. 內蒙古日報，2013-11-29.

［64］郭占恒. 市場在資源配置中起決定性作用的重大理論和實踐意義［N］. 杭州日報，2013-12-05.

[65] 林兆木. 使市場在資源配置中起決定性作用 [N]. 光明日報, 2013-11-29.

[66] 編輯部. 為什麼要使市場在資源配置中起決定作用 [N]. 南寧日報, 2013-12-10.

[67] 韓保江. 為什麼要充分發揮市場在資源配置中的決定性作用 [N]. 光明日報, 2013-11-30.

[68] 游天龍. 國有企業改革風雨 30 年：從放權讓利到市場化 [EB/OL]. 獨家網, 2014-07-29.

[69] 李予陽. 推進國企市場化改革 [N]. 經濟日報, 2013-03-14.

[70] 韓永. 國企再啓市場化徵程 [J]. 中國新聞周刊, 2016 (1).

[71] 王勇. 國務院關於國有企業改革與發展工作情況的報告 [EB/OL]. 中國人大網, 2012-10-26.

[72] 張思平. 對國有企業改革若干問題的看法 [EB/OL]. 騰訊文化, 2016-06-07.

[73] 許正中. 深化國有企業改革 搞好國企黨建 [EB/OL]. 宣講家網, 2016-01-05.

[74] 翁仕友. 國企改革再啓幕 [J]. 財經, 2015 (9).

[75] 張宇. 如何推進國企市場化改革 [N]. 經濟日報, 2013-03-14.

[76] 胡川, 高衛華. 國有企業深化改革的難點及對策的再認識 [N]. 經濟觀察報, 2016-05-03.

[77] 周放生. 市場化：國企改革不可放棄的目標 [EB/OL]. 經濟觀察網, 2013-11-20.

[78] 齊俊杰. 為什麼說國企改革低於市場預期 [EB/OL]. 中國價值網, 2015-09-15.

[79] 劉新, 孟瑜. 國有企業混合所有制改革借鑑研究 [J]. 經濟研究導刊, 2015 (4).

[80] 任軍. 國有企業市場化轉型之路 [J]. 人民論壇, 2009 (21).

[81] 洪樂風. 國企改革，直擊痛點才能實現市場化 [EB/OL]. 人民網, 2016-02-26.

[82] 宋志平. 市場化是國企改革的關鍵 [N]. 人民日報, 2015-01-12.

[83] 黃玉琦, 張慶成. 專家：本次國企改革重點是堅持市場化改革方向 [EB/OL]. 人民網, 2015-09-15.

[84] 袁東明. 深化國企三項制度改革關鍵是完善三個市場化 [EB/OL].

中國經濟新聞網，2015-08-12.

［85］馬正武. 深化國有企業市場化改革［EB/OL］. 光明網，2013-03-11.

［86］傅成玉. 加快國有企業經營機制市場化進程［N］. 中國企業報，2015-03-16.

［87］馬光遠. 堅持國企改革的市場化方向［N］. 經濟參考報，2015-09-14.

［88］蔣學偉. 國有資本如何市場化營運［N］. 投資觀察，2014-08-14.

［89］金國軍. 優化結構 江西推動國有資本市場化重組［N］. 中國工業報，2015-10-27.

［90］邵未來. 以市場化路徑做大做強國有經濟［N］. 勞動報，2015-09-14.

［91］編輯部. 國資委：國有資本投資營運公司更加市場化［N］. 金融時報，2013-12-20.

［92］國務院國資委研究中心.《關於深化國有企業改革的指導意見》百題百問［M］. 北京：中國經濟出版社，2016.

［93］林珂. 國企改革概念再掀波瀾［N］. 金融投資報，2016-06-29.

［94］袁東明. 推進中國國有資本佈局調整的建議［EB/OL］. 國研網，2015-05-05.

［95］張學勇. 深入推進國有經濟佈局結構調整［J］. 宏觀經濟管理，2015（4）.

［96］桑蕾. 推進國企改革和國有經濟佈局結構調整［N］. 黑龍江日報，2015-05-12.

［97］彭建國. 通過國企分類改革調整國有經濟佈局結構［N］. 中國企業報，2015-11-16.

［98］陳東琪，臧躍茹. 國有經濟佈局戰略性調整是時候了［N］. 上海社會科學院社會科學報，2015-03-02.

［99］國家發改委經濟體制與管理研究所課題組. 以管資本為主加強國資監管的總體思路［EB/OL］. http://www.china-reform.org/?content_595.html，2015-01-07.

［100］許紅洲. 著力優化國有資本佈局結構［N］. 經濟日報，2016-08-21.

［101］陳及. 國有企業必須徹底市場化［EB/OL］. 新浪財經，2014-04-11.

［102］辛官勝. 國有企業進行混合所有制改革所需注意的幾個關鍵問題［J］. 上海律師，2014（8）.

［103］編輯部. 地方國企改革方案相繼落地 整體上市整合重組成重點［N］. 經濟參考報，2016-04-05.

［104］劉豔. 廈門國企市場化獲國務院國資委力挺 打造三家超千億企業［EB/OL］. 廈門網，2014-04-25.

［105］張卓元. 混合所有制經濟是基本經濟制度的重要實現形式［N］. 經濟日報，2013-11-22.

［106］國家發展改革委員會體改司. 國企混改面對面——發展混合所有制經濟政策解讀［M］. 北京：人民出版社，2015.

［107］編寫組.《關於深化國有企業改革的指導意見》學習讀本［M］. 北京：中國經濟出版社，2015.

［108］趙雅儒. 四川國企改革時間表出爐 2017年啟動員工持股試點［N］. 華西都市報，2016-12-19.

［109］編寫組. 全國混合所有制經濟改革發展成效顯著 央企成為改革「主力軍」 不同類型企業競相發展［EB/OL］. 國家工商行政管理局網站，2015-12-16.

［110］宋志平. 為什麼要搞混合所有制［N］. 企業觀察報，2016-08-11.

［111］張文魁. 國有企業市場化需要真正的產權改革［EB/OL］. 財新網，2015-11-06.

［112］李玲.「十三五」末地方國企資產證券化率有望達到60%［EB/OL］. 前瞻網，2016-04-14.

［113］左永剛. 2016年推央企10項改革試點 國資證券化率將全面提速［N］. 證券時報，2015-12-20.

［114］楊燁. 25省市國資證券化率將超50%［N］. 經濟參考報，2016-05-05.

［115］編輯部. 央企重組文件有望近期下發 資產證券化將提速［J］. 中國經濟週刊，2016（13）.

［116］編輯部. 國企市場化兼併重組大潮開啓 改革政策不斷加碼［N］. 經濟參考報，2015-12-11.

［117］編輯部. 探索：如何積極發展混合所有制經濟［EB/OL］. 中研網，2014-09-23.

［118］中共中央黨校經濟學部課題組. 發展混合所有制經濟政策的現實意義［J］. 工會信息，2014（17）.

［119］中國企業聯合會. 以混改推動供給側結構性改革取得突破［N］. 中國企業報，2016-12-27.

［120］唐克敏. 混合所有制改革面臨的主要難題與對策［J］. 經濟問題，2015（6）.

［121］李雨松. 混合所有制下的國資監管新思路［J］. 國有資產管理，2015（9）.

［122］鄧沛琦，嚴清華. 人民日報治理之道：混合所有制改革應注重實效［N］. 人民日報，2016-02-23.

［123］劉興國. 直面難點強化共識推進混合所有制改革［N］. 上海證券報，2016-08-20.

［124］王興棟. 國外國企改革重點在產權和治理［EB/OL］. 東方網，2013-12-21.

［125］高美. 外國國企如何給老總們發薪水［N］. 新京報，2014-09-07.

［126］吳心韜，羅歡歡，陳濟. 國外國企高管收入「框框多」［J］. 法制與社會，2014（11）.

［127］姚蒙. 國外為國企高管定薪酬：用透明和限高平息爭議［N］. 環球時報，2014-09-01.

［128］劉建軍. 各國國有企業改革之路［J］. 北大商業評論，2010（1）.

［129］鐘舒. 國外企改革鏡鑒［N］. 中國信息報，2016-03-02.

［130］方良. 國外如何為國企高管「限薪」［N］. 長江商報，2014-09-02.

［131］張政軍. 國有企業分類管理如何推進［EB/OL］. 光明網，2013-05-03.

［132］吳俊. 海外國企改革專題研究系列一：美國國企改革歷程概覽［EB/OL］. 世紀證券，2015-03-05.

［133］劉麗靚. 安徽等20多個省政策陸續落地　國企員工持股蓄勢待發［N］. 中國證券報，2016-09-21.

［134］王允娟. 員工持股——新背景下的新探索［N］. 首都建設報，

2016-03-16.

　　[135] 李大守. 防範混合所有制改革中國有資產流失的幾點措施 [J]. 產權導刊, 2014 (12).

　　[136] 編輯部. 2017 國企混合所有制改革最新消息 七大領域試點將再擴圍 [EB/OL]. 老錢莊, 2016-12-27.

　　[137] 編輯部. 深度解析華為職工持股模式 [EB/OL]. 牛博士法律觀察, 2016-11-01.

　　[138] 滕凌. 員工持股計劃實務要點解析 [EB/OL]. 重慶律師網, 2015-10-10.

　　[139] 編輯部. 國企員工持股意見出抬：誰能持股？如何持股？ [EB/OL]. 搜狐公眾平臺, 2016-08-19.

　　[140] 謝偉玉.「國企員工持股意見」解析 [EB/OL]. 搜狐財經, 2016-08-30.

　　[141] 譚謨曉, 許晟. 誰先試？怎麼持？——國企員工持股試點五問 [EB/OL]. 新華社, 2016-08-18.

　　[142] 賈壯. 人民日報人民時評：國企員工持股, 釋放改革活力 [N]. 人民日報, 2016-08-25.

　　[143] 吳春波. 別讓員工持股變成一種投機行為 [EB/OL]. 中國人力資源網, 2016-03-14.

　　[144] 許晟, 趙曉輝. 國企員工持股：走好「勵」與「利」的平衡木 [EB/OL]. 新華社, 2016-08-18.

　　[145] 編輯部. 國企改革方案中員工持股有何意義？ [EB/OL]. 應屆畢業生網, 2016-03-24.

　　[146] 白天亮. 四問國企員工持股 [N]. 人民日報, 2016-08-19.

　　[147] 戴高城. 國企員工持股試點啓動：「以崗定股」鼓勵骨幹持股 [EB/OL]. 澎湃新聞, 2016-08-18.

　　[148] 張宇哲. 國企員工持股出抬試點意見 範圍有限限制眾多 [EB/OL]. 財新網, 2016-08-18.

　　[149] 編輯部. 解讀《關於國有控股混合所有制企業開展員工持股試點的意見》[EB/OL]. 中國投資資訊網, 2016-08-18.

　　[150] 楊釗. 試點員工持股 激活國企改革新能量 [EB/OL]. 長江網, 2016-03-23.

　　[151] 編輯部. 25 個省份國企改革方案均提出探索員工持股 科技型企

149

業最被看好［EB/OL］．界面網，2016-03-23．

［152］楊宏山．20多個省份出抬國企改革方案 員工持股有何意義［EB/OL］．央廣網，2016-03-22．

［153］西南證券．國有控股混合所有制企業員工持股試點存在限制難以形成熱點［EB/OL］．中國證券網，2016-08-19．

［154］周放生．那些《關於國有控股混合所有制企業開展員工持股試點的意見》的問題［N］．企業思想家，2016-08-23．

［155］索寒雪．國企混改確定探索員工持股、全員持股遭否定［N］．中國經營報，2015-09-12．

［156］陳文秀．江西多家國企嘗鮮員工持股或成國企「混改」方向［N］．江南都市報，2016-07-08．

［157］黃群慧．新時期全面深化國有經濟改革研究［M］．北京：中國社會科學出版社，2016．

［158］張弘．淺析內部員工持股制度［J］．特區實踐與理論，1997（8）．

［159］建投策略研究團隊．激發國企活力，員工持股先行——不鳴則已，一鳴驚人［EB/OL］．華爾街見聞，2016-08-22．

［160］上交所．員工持股計劃的市值管理效果研究［EB/OL］．財融圈，2015-10-14．

［161］萬喆．員工持股計劃從哪來，又會走向哪去［EB/OL］．澎湃新聞，2016-08-24．

［162］編輯部．理論界怎麼看員工持股制度［N］．東方早報，2014-08-19．

［163］肖國元．員工持股：可行且慢要珍惜［N］．證券時報，2014-09-19．

［164］杜小勇．論員工持股的理論淵源與法律制度的完善［EB/OL］．北大法律網，2009-05-05．

［165］張同全．實行員工持股計劃的理論探討［J］．煤炭經濟研究，2001（12）．

［166］楊歡亮．西方員工持股理論綜述［J］．經濟學動態，2003（7）．

［167］編輯部．為什麼要實施員工持股？有什麼利弊？［EB/OL］．環球網，2016-06-13．

［168］苗圩．推動國有企業完善現代企業制度［J］．求是，2013（22）．

參考文獻

［169］趙曉輝，華曄迪.中國出抬國企改革頂層設計 以市場化路徑做大做強國有經濟［EB/OL］.新華網，2015-09-13.

［170］譚浩俊.經營者如何選聘是國企改革最大難題［EB/OL］.東方網，2013-11-21.

［171］何欣榮，楊毅沉.國企用人改革新動向：明確國企用人機制市場化去行政化［EB/OL］.新華網，2015-09-13.

［172］李長安.市場化選聘是建立國企職業經理人制度關鍵點［N］.人民政協報，2015-08-18.

［173］徐朝陽.信息不對稱與國有企業管理者的市場化［J］.世界經濟，2013（5）.

［174］段欣毅.國有企業應市場化選聘經理人［EB/OL］.人民網，2013-12-30.

［175］譚浩俊.市場化選聘國企高管關鍵看董事會的話語權［EB/OL］.中國網，2016-12-07.

［176］冷雪.山西國企改革要推進市場化選聘總經理［N］.山西日報，2017-02-20.

［177］楊岩松.國有企業職業經理人隊伍建設及管理問題研究［J］.人力資源管理，2017（2）.

［178］周景勤.國有企業推行職業經理人制度的若干問題［J］.北京經濟管理職業學院學報，2016（6）.

［179］仲繼銀.職業經理人制度的成長路徑［J］.董事會，2015（12）.

［180］國務院國資委研究中心課題組.中央企業職業經理人制度建設研究［J］.現代國企研究，2016（11）.

［181］李錫元，徐闖.國企實施職業經理人制度的本質、核心和路徑［J］.漢江論壇，2015（2）.

［182］張雙鵬.論中國職業經理人制度的完善［J］.商場現代化，2015（30）.

［183］段華洽.中國職業經理人制度的發展概要［EB/OL］.新浪網，2014-05-09.

［184］張敬偉.職業經理人為國企改革增添活力［N］.中國經濟時報，2017-03-02.

［185］史額黎.讓國企職業經理人制度「落地生根」［N］.中國青年報，2015-10-11.

[186] 厲以寧. 中國現在最缺職業經理人市場 [J]. 中國企業家, 2015（12）.

[187] 厲以寧. 需加快發展職業經理人市場 不搞平均主義 [EB/OL]. 中國網, 2015-12-19.

[188] 張喜亮, 周施恩. 國企需要怎樣的職業經理人 [J]. 中國經濟報告, 2015（4）.

[189] 職業經理研究中心. 央企職業經理人制度建設的幾點思考 [EB/OL]. 搜狐網, 2014-01-23.

[190] 李錫元, 陳貝貝. 如何推進國企職業經理人制度建設 [N]. 經濟日報, 2014-11-28.

[191] 編輯部. 淺析建立國有企業職業經理人制度 [EB/OL]. 應屆畢業生網, 2016-12-14.

[192] 李霖. 淺談職業經理人的產生與發展 [N]. 中華工商時報, 2016-01-12.

[193] 張喜亮, 周施恩. 國企職業經理人是怎樣「煉成的」? [N]. 人民政協報, 2015-05-05.

[194] 韜睿惠悅諮詢公司. 建立職業經理人制度的五個突破 [EB/OL]. 散文吧, 2016-09-01.

[195] 朝康. 探究職業經理人制度 [EB/OL]. 應屆畢業生網, 2016-03-26.

[196] 項群. 職業經理人的起源與發展歷史 [N]. 中國建設報, 2007-06-13.

[197] 鬱亮. 馬雲和柳傳志都對職業經理人有批評 [EB/OL]. 21世紀商業評論, 2015-03-03.

[198] 編輯部. 中國職業經理人發展的主要問題 [J]. 企業管理, 2013（2）.

[199] 曉甘. 經營方略：宋志平管理精粹 [M]. 北京：企業管理出版社, 2013.

[200] 編輯部. 國企高管市場化選聘既要「提速」更要「提質」[EB/OL]. 央廣網, 2016-06-30.

[201] 沈夢怡. 競爭性國企高管將率先市場化選聘 [N]. 南方日報, 2016-08-18.

[202] 王映. 國企高管市場化選聘將提速 [J]. 法人, 2015（9）.

［203］白天亮. 央企高管 2015 年薪公開：招商局稅前 120 萬［EB/OL］. 人民網，2017-01-16.

［204］佘振芳. 重慶 34 家國企一把手年薪多少？市國資委首次披露［EB/OL］. 華龍網，2017-02-09.

［205］吳為. 25 省已公布國企限薪令［N］. 新京報，2016-04-25.

［206］胡俊. 國企高管薪酬的合理邊界［N］. 中華工商時報，2016-06-14.

［207］編輯部. 央企高管薪酬改革：總收入不超過員工工資 7-8 倍［N］. 中國青年報，2015-01-01.

［208］張寧. 國企領導工資最高不許超過這數！看完你還淡定嗎？［N］. 中國新聞網，2015-11-04.

［209］王林. 國企專家：薪酬改革只有高層看得到的地方動了［N］. 中國青年報，2016-04-11.

［210］編輯部. 國有企業負責人的薪酬到底有多少［N］. 中國經濟周刊，2016-08-23.

［211］徐立凡. 限薪還只是國企改革的第一步［N］. 京華時報，2016-04-26.

［212］張海娜. 國有企業市場化改革之經營分配方案的探索［J］. 江蘇商論，2016（2）.

［213］馬丁・L. 威茨曼. 分享經濟——用分享制代替工資制［M］. 林青松，何家成，華生，譯. 北京：中國經濟出版社，1986.

［214］科斯，哈特，斯蒂格利茨. 契約經濟學［M］. 李風聖，譯. 北京：經濟科學出版社，1999.

［215］丹尼斯・W. 卡爾頓，杰弗里・M. 佩洛夫. 現代產業組織［M］. 4 版. 胡漢輝，等，譯. 北京：中國人民大學出版社，2011.

［216］經濟合作與發展組織. OECD 國有企業公司治理指引［M］. 北京：中國財政經濟出版社，2005.

［217］約瑟夫・E. 斯蒂格利茨，卡爾・E. 沃爾什. 經濟學［M］. 4 版. 吳敬璉，譯. 北京：中國人民大學出版社，2013.

［218］埃里克・弗魯博頓，魯道夫・芮切特. 新制度經濟學：一個交易費用的分析範式［M］. 蔡受百，譯. 上海：格致出版社，2012.

［219］哈耶克. 個人主義與經濟秩序［M］. 鄧正來，譯. 北京：生活・讀書・新知三聯書店，2003.

［220］約瑟夫·熊彼特. 經濟發展理論——對利潤、資本、信貸、利息和經濟週期的考察［M］. 何畏，等，譯. 北京：商務印書館，1990.

［221］科斯. 企業、市場與法律［M］. 盛洪，等，譯. 上海：上海三聯書店，1990.

［222］道格拉斯·C.諾斯. 制度、制度變遷與經濟績效［M］. 杭行，譯. 上海：上海人民出版社，1994.

二、英文部分

［1］TICHY N M, SHERMAN S. Control Your Destiny or Someone Else Will［M］. New York Harper Business, 1993.

［2］COHEN G A. Karl Marx's Theory of History: A Defence (expanded ed.)［M］. Princeton: Princeton University Press, 2001.

［3］LEWIN M, ELLIOTT G. The Soviet Century［M］. London: Verso, 2005.

［4］KOTKIN J. The City: A Global History［M］. New York: Modern Library, 2006.

［5］DALTON H. Some Aspects of the Inequality of Incomes in Modern Communities［M］. London: Routledge, 2007.

［6］LANDIS E C. Bandits and Partisans: The Antonov Movement in the Russian Civil War［M］. Pittsburgh: University of Pittsburgh Press, 2008.

［7］LIN J Y. The Quest for Prosperity: How Developing Economies Can Take Off［M］. Princeton: Princeton University Press, 2012.

［8］KIBITA N. Soviet Economic Management Under Khrushchev［M］. New York: Routledge, 2013.

［9］A BERLE, G MEANS. The Modem Corporation and Private Property, Harcour, Brace and Wodd［M］. New York: Revised Edition, 1932: 58.

［10］M C JENSEN, W H MECKLING. Theory of the Firm: Managerial Behavior, Agency Costs and Ownership Structure［J］. Journal of Financial Economics, 1976, 3 (4).

［11］BLAIR M M, T A KOCHAN, et. al. The New Relationship: Human Capital in the American Corporation［M］. Washington, D. C.: Brookings Institution, 2000.

［12］GATES J. The Ownership Solution: Toward a shared Capitalism for the 21 st Century, Harper Collins Publishers.

[13] BRESNAHAN T F, REISS P C. Entry And Competition In Concentrated Markets [J]. Journal of Political Economy, 1991, 99 (5).

[14] JESSOP. Capitalism and its future: remarks on regulation, government and governance [J]. Review of International Political Economy, 1997 (4).

[15] ARAUJO A, PASCOA M R, TORRES-MARTINES J P. Collateral Avoids Ponzi Schemes in Incomplete Markets [J]. Econometrica, 2002, 70 (4).

[16] ARESTIS P, DEMETRIADES P O, LUINTEL K B. Financial Development and Economic Growth: The Role of Stock Markets [J]. Journal of Money, Credit and Banking, 2001, 33 (1).

[17] CLAESSENS S. Corporate Governance and Development [J]. The World Bank Research Observer, 2006, 21 (1).

[18] HOPKIN J, ANDRES R P. 「Grabbing Hand」 or 「Helping Hand」?: Corruption and the Economic Role of the State [J]. Governance, 2007, 20 (2).

[19] KANZLEITER B. Workers'Self-management in Yugoslavia-An Ambivalent Experience [J]. Transform, 2011 (9).

[20] MASKIN E, KORNAI J, ROLAND G. Understanding the Soft Budget Constraint [J]. Journal of Economic Literature, 2003, 41 (4).

[21] DEMSETZ, HAROLD. Ownership, control and the firm: The organization of economic-activity [J]. Oxford: Basil Blackwell, 1988.

[22] BEBCHUK L A, J M FRIED. Executive compensation as an agency problem [J]. The Journal of Economic Perspectives, 2003, 17 (3): 71-92.

[23] CHEN S, SUN Z, TANG S, et al. Government Intervention and Investment Efficiency: Evidence From China [J]. Journal of Corporate Finance, 2011, 17 (2): 259-271.

國家圖書館出版品預行編目(CIP)資料

市場化視角下的深化國有企業改革研究 / 吳建強, 楊鋼 著. -- 第一版.
-- 臺北市：財經錢線文化出版：崧博發行, 2018.11

面； 公分

ISBN 978-957-680-246-1(平裝)

1.國營事業 2.經濟改革 3.中國

553.62　　　107018099

書　名：市場化視角下的深化國有企業改革研究
作　者：吳建強、楊鋼 著
發行人：黃振庭
出版者：財經錢線文化事業有限公司
發行者：崧博出版事業有限公司
E-mail：sonbookservice@gmail.com
粉絲頁　　　　　　網　址：
地　址：台北市中正區延平南路六十一號五樓一室
8F.-815, No.61, Sec. 1, Chongqing S. Rd., Zhongzheng
Dist., Taipei City 100, Taiwan (R.O.C.)
電　話：(02)2370-3310　傳　真：(02) 2370-3210
總經銷：紅螞蟻圖書有限公司
地　址：台北市內湖區舊宗路二段 121 巷 19 號
電　話：02-2795-3656　傳真：02-2795-4100　網址：
印　刷：京峯彩色印刷有限公司（京峰數位）

　　本書版權為西南財經大學出版社所有授權崧博出版事業有限公司獨家發行電子書及繁體書繁體版。若有其他相關權利及授權需求請與本公司聯繫。

定價：350元

發行日期：2018 年 11 月第一版

◎ 本書以POD印製發行